인간이 합리적이지 않은 이유

IT 개발자

북트리

인간이 합리적이지 않은 이유

IT 개발자

북트리

머리말

<u>상편과 하편의 요약</u>

　책의 전체적인 구성은 상편과 하편으로 되어 있습니다. 상편은 인간이 생각하는 방식에 대한 설명을 하며, 하편은 여러 분야의 단편적인 이야기 입니다.

　하편에서 단편적인 이야기들을 고민하다가 합리적이지 않은 것을 찾게 되고, 왜 이러한 불합리한 것이 있는지 원인을 찾기 위해서 고민을 하게 됩니다. 합리적이지 않은 원인을 인간의 불합리성에서 찾게 되었고, 더 나아가 이미 익숙한 무의식에서 해답을 찾게 됩니다.

　이미 알고 있는 무의식의 만으로는 설명이 되지 않는 부분들이 있어서, 무의식의 특징들을 추가 하였습니다. 이런 과정을 거쳐서 상편이 되었습니다.

　여행의 목적을 다른 세상을 경험함으로써 나를 이해하려는 것이라고 표현하기도 합니다. 인공지능과 비교하여, 인간을 이해해 가는 것도 재밌는 과정이 될 것입니다.

목차

 인간의 생각하는 비밀

서론 … 18

백문이 불여일견 … 19

인간을 뛰어넘는 인공지능 … 20

인간과 동물의 비교 … 23

인간에 사고의 구분 … 24

백견이 불여일촉 … 25

자아는 하나인가 … 27

생각의 속도 … 28

인간의 내적 갈등 … 29

이성적인 존재의 인간 … 30

인공지능과 인간의 비교 … 31

인공지능이 욕망을 가지게 되면 … 32

무의식의 제어 필요성 … 33

프로이트의 무의식 … 35

본론 … 36

무의식과 의식의 비교 … 37

무의식과 의식의 구분 방법 … 37

의식의 제어 … 38

언어에 의한 동질성 … 39

시각은 무의식의 영역인가 … 40

기억력에 의한 무의식 분류 … 42

동물과 인간의 비교 … 43

동물의 언어 능력 … 44

언어의 중요성 … 45

인공지능과 인간의 비교 … 46

무의식의 보편성 … 47

학습 능력 비교 … 49

무의식과 의식의 동작 속도 … 50

의식이 느린 이유 … 51

무의식과 의식의 비유 … 52

무의식과 의식의 속도에 따른 주의 … 53

무의식과 의식의 다중 작업 여부 … 54

무의식과 의식 중 상위 시스템은 존재하는가 … 55

무의식의 의식 제어 관련 … 57

무의식의 학습 방법 … 58

의식에 의한 무의식의 학습 과정 … 60

무의식 훈련의 개인 차이 … 61

의식의 학습 관련 … 62

무의식의 학습 관련 … 62

인간은 두뇌를 100% 사용할 수 있을까 … 63

무의식의 학습 동기 … 64

무의식에 대한 해석 … 67

무의식의 한계 (의식의 필요성) … 68

무의식은 창의성의 근원 … 68

무의식은 욕망의 근원 … 70

무의식과 의식의 일치 … 70

무의식과 의식은 상호 독립적인가 … 71

처리 속도가 다른 시스템 간 정보 교환 … 71

무의식과 의식의 상호 정보 전달 … 73

무의식과 의식 간의 정보 전달 (상세) … 74

의식에서 무의식에 정보를 보내기 … 75

인간의 성향의 변화 … 75

의식의 변화 … 76

자유 의지가 존재하는가 … 77

플라시보 효과 … 78

무의식 활동의 위축 … 79

뛰어난 사람이란 … 80

교육과 무의식 … 80

최고로 집중된 상태 … 82

유전자가 모든 것을 결정하는가 … 83

영혼의 존재 ⋯ 84

성선설, 성악설에 대하여 ⋯ 84

최면술 관련 ⋯ 85

도덕적인 차이 ⋯ 85

의식과 무의식의 일치 ⋯ 86

미워하는 원인을 찾지 못하는 이유 ⋯ 86

세뇌 ⋯ 87

감정 조절에 관하여 ⋯ 88

무의식에 대한 학습의 요소 ⋯ 89

무의식 훈련의 개인 차이 ⋯ 90

음악을 들을 때 무의식과 의식의 동시성 ⋯ 91

정신병 환자의 구분 방법 ⋯ 92

인간 무의식의 학습 능력 ⋯ 93

인간 두뇌의 초기 정보 ⋯ 93

인공지능의 보안 방안 ⋯ 95

바둑에서의 무의식 ⋯ 96

카드의 위치를 기억하는 방법 ⋯ 97

무의식은 이미지? ⋯ 98

난독증 ⋯ 99

이미지 트레이닝 (상상훈련) ⋯ 100

범용 인공지능 ⋯ 101

의식 ⋯ 103

언어도 의식을 의미하지 않는다 ⋯ 103

단어의 이미지는 어디서 오는가 … 105

결론 … 109

세상은 무의식에 의해서 지배되고 있다 … 110
세상을 일그러뜨린 불합리는 인간의 마음 속에 있다 … 111

하 세상의 불합리성에 대해서 고민하는 과정

세상의 불합리성에 대해서 고민하는 과정 … 114
프로그램 조기 교육에 반대 … 115
Print 명령어가 쉽다 … 116
C언어의 잘못된 이해 … 118
그것도 모르냐는 말을 듣는 것이 내 능력이다 … 121
스스로 정상에 올라 보아야 다른 정상도 이해한다 … 122
난독증 … 123
죽은 믿음 … 125
본질을 배우지 못하는 사람들의 헛소리 … 126
회사가 성정하기 어려운 이유 … 128
업무 성과가 낮은 이유 … 129
실수를 인정하라는 것이 아니라 고치라는 것이다 … 129
실무자 탓만 하는 리더가 가장 무능한 이유 … 132
결정 장애 리더 … 132

능력이 평범한 것이 아니라 생각이 평범한 것이다 ⋯ 134
만 1년 차의 직장인을 위한 글 ⋯ 135
이상한 나라의 개발자 ⋯ 136
조조의 진림 칭찬 ⋯ 138
왕윤의 한계 ⋯ 139
조조와 유비의 차이 ⋯ 141
오나라 합려왕 ⋯ 141
만인지적 항우가 실패한 이유 ⋯ 142
사람을 적대할 때 ⋯ 144
한국 단어의 영어화 ⋯ 145
열 여덟이라고 해야지 ⋯ 147
스페인의 장거리 버스 ⋯ 148
독일 사람은 친절한 사람 ⋯ 148
못하는 것을 절대로 말하지 말라 ⋯ 149
언어의 속임수 ⋯ 150
무엇을 배워야 하는가? ⋯ 152
오래 했다고 잘하는 것은 아니다 ⋯ 154
하나씩 처리하라 ⋯ 155
판사를 못 믿는 이유 ⋯ 156
인공지능 이후 바둑의 관전 모습 변화 ⋯ 158
투기와 투자의 차이 ⋯ 158
한국 사람들의 보안 의식 ⋯ 159
땅을 파면 돈이 나오냐 쌀이 나오냐 ⋯ 160

벌거벗은 임금님은 어른들을 위한 동화이다 … 161
The naked king … 162
불교에서 말하는 인연을 끊는 것 … 163
불교의 인연에 대해서 고민한 계기 … 165
가족은 나쁜 인연인가 … 166
'삶의 무게'와 해방 … 167
인간의 나약함인가 … 169
미신과 과학의 구분 … 169
많은 것을 알게만 하는 교육 … 171
교육의 방향의 오류 … 172
세상은 변하는가, 변하지 않는가 … 174
세상은 불공평하다 … 176
세상의 혼란 … 177
집단 전체를 비난하지 말라 … 178
법적으로 문제가 없다 … 180
거짓말하는 사회 … 181
능동적 거짓말과 수동적 거짓말 … 181
개인 방송의 필요성 … 182
최고가 되는 방법 … 184
독보적인 한국의 위인 … 184
역사를 공부할 때 결과를 모른다는 가정을 항상 해야 한다 … 188
인간의 복잡성 … 189
차등에 만족하는 인간 … 190

관문 통과의 사회 ⋯ 191

한국 사회 의문 중 하나 ⋯ 193

오류를 찾아야 하는 이유 ⋯ 196

정확한 평가를 할 수 있다면, 고수이다 ⋯ 197

스스로 평가하는가 ⋯ 200

타임머신 원리 ⋯ 204

정치 이야기를 하면 싸우는 이유 ⋯ 206

미워하는 이유 ⋯ 207

자신의 속한 단체의 비판 ⋯ 208

이유를 스스로 파악하라 ⋯ 209

권력의 속성 ⋯ 210

"왕은 마음대로 해도 되는 사람이다."라는 잘못된 생각이다 ⋯ 211

민주주의의 적 ⋯ 212

인류 역사상 최고의 인간 ⋯ 213

인간이 태어나서 무엇을 해야 하는가? ⋯ 215

나는 작업, 아이는 예술 ⋯ 216

인간의 내면 성장 ⋯ 218

생각의 성장 ⋯ 220

꼰대 ⋯ 222

'새로운 생각'을 해야 고수로 인정받는다 ⋯ 224

이것이 나의 생각인가? (나는 알고 있는가) ⋯ 224

초식 동물처럼 살아라 ⋯ 227

하늘의 뜻 ⋯ 229

꿈을 키워라 … 230

정의는 승리하는가 … 231

천재는 없다 … 231

냉정함과 비열함 … 233

게임은 재미있고, 공부(업무)는 재미없는가 … 234

시기도 재능이다 … 236

변명을 찾는 것은 인간의 본성이다 … 237

나는 세상을 원망하지 않는다 … 238

인간은 슬픈 존재 … 239

즐거움의 끝 … 240

언제 자랑하고, 언제 겸손해야 하는가? … 242

남을 돕는 마음 … 243

부자로 태어나는 이유 (환생론) … 244

음식의 맛 … 247

헬렌켈러 … 248

헬렌켈러보다 설리번 선생님 … 249

지배형을 키우는 교육 … 251

직장 속의 소시오패스 … 252

인간도 전기로 움직이는 로봇인가 … 260

언어의 한계가 나의 한계인가 … 263

진실에는 두 가지가 있다 … 264

말할 수 없는 것에 대해서는 침묵해야 한다 … 266

땅의 주인은 누가 정하는가 … 268

가장 넓은 토지를 소유한 지구인은 누굴까 … 269
바다는 검은색이다 … 271
사회는 어떤 방향으로 변화하는가 … 272
대기업 시스템은 잘못되었다 … 274
연공서열이 깨지는 이유 … 275
우린 상하 관계가 강한 직장인가 … 276
잘못된 벤치마킹 … 277
직장인이 투자에 관심이 많아진 이유 … 278
직장에서의 우리 … 280
비관론자 낙관론자를 세분화하라 … 281
달걀을 세우는 방법 … 282
전례(과거 사례)가 있습니까 … 283
세상은 이분법이 아니다 … 284
세상은 비합리적이다 … 285
황당한 도둑 … 286
이직률이 높은 회사의 비밀 … 288
인재가 없다는 말의 해석 … 288
좋은 말만 하는 사람을 멀리 해라 … 289
잘못은 없으나 평범한 것이 문제 … 290
하급자를 이해하지 못하는 이유 … 291
쉬운 이삿짐 아르바이트 … 291
직장에서 무능함은 잘못이다 … 293
두 개의 마음 … 294

보편적 예와 특수한 예 … 294
훈수가 쉬운 이유 … 295
주인이 되는 홀로서기 … 297
짧은 글들 … 297

삼.
인간의 생각하는 비밀

서론

지금까지 우리는 우리 자신이 어떻게 생각하고, 자신의 능력이 향상되는 과정에 대해서 깊게 생각해 보지 않았습니다.

곰곰이 생각해 보면, 우리는 자신 스스로에 대해서 고민해 보지 않았다는 것을 느낄 수 있습니다.

인간은 어떻게 생각하며, 판단하며, 새로운 것을 상상하는 것일까요? 이것에 대한 궁금증에 대하여 고민해 보며, 방향을 제시하려고 합니다. 어쩌면 이것은 인간이 지금까지 알지 못하던 중요한 비밀이 될 수 있습니다.

인간과 자신에 대하여 고민하는 것은 철학에서 고대부터 내려온 주제입니다. 이것에 대해서 종교적 해석, 진화론 해석들 여러 가지가 있습니다. 여기에서는 다른 방식인 소프트웨어적인 해석을 해보려고 합니다. 소프트웨어적인 지식이 없어도 이미 일반화된 용어와 컴퓨터를 사용하면서 겪게 되는 현상을 예시로 설명해 보려고 합니다.

과학의 발전(인공지능, 양자 컴퓨터, 소프트웨어)으로 이제는 이런 것도 생각해 볼 수 있는 시기가 되었습니다.

백문이 불여일견

백 번 듣는 것보다, 한 번 보는 것이 낫다는 의미입니다. 우리가 눈으로 본 것을, 언어로 완벽하게 표현을 하지 못하기 때문에 생기는 말입니다. 한국에서 유명한 속담이며, 여기에는 많은 의미가 포함되어 있습니다.

풍경 사진의 예를 보면, 풍경 사진 하나를 보고, 옆 사람에게 풍경 사진에 대하여 말로 설명을 한 후에, 옆 사람에게 설명을 들은 것을 그림으로 그려 보라고 하면, 처음 풍경 사진과 차이가 크다는 것을 알 수 있습니다.

이에 대해 많이 알고 있는 예시 중 하나는 개와 고양이의 구분입니다. 개와 고양이의 차이를 언어로 아무리 표현하려고 해도 쉽지 않고 완벽하게 표현을 할 수가 없습니다. 그래서 직접 보아야만 이해할 수 있습니다.

인공지능이 개와 고양이를 구별하기 힘들어한다는 것은 이미 알려진 사실입니다. 개와 고양이를 구분하는 정확한 차이를 언어로 표현을 할 수 있다면, 그것을 기반으로 프로그램으로 만들 수 있습니다.
프로그램 가능 여부의 기준은 "인간의 언어로 명확하게 설명할 수 있느냐"가 됩니다.

개와 고양이는 인간의 언어로 명확하게 구분하여 설명할 수가 없습니다. 그러나 인간은 어린아이도 개와 고양이를 정확하게 구별합니다. 차이를 정확한 언어로 표현할 수 없으나, 명확하게 구분하고 있습니다.

인간을 뛰어넘는 인공지능

지금까지 바둑 프로그램을 만들기 어려워했던 이유는 승리의 방법을 언어로 설명하기 어려웠기 때문입니다.

바둑을 이기는 구체적인 방법에 대해서 상세하게 인간의 언어로 설명할 수가 없습니다. 바둑 프로 기사도 바둑을 이기는 방법에 대해서 추상적인 말이나 특정 상황에 대하여 한정을 해서 설명이 가능할 뿐이며, 모든 상황에 적용이 가능한 이론을 자세하고 정확하게 언어로 설명을 하지 못합니다. 심지어 포석이나 정석같이 특정 상황에 대한 이론도 바뀌어 가고 있습니다.

2016년 프로 바둑기사 이세돌과 알파고(AlphaGo)의 대결에서 알파고가 승리하며, 이 사건으로 하나의 패러다임이 바뀌게 됩니다.

지금과 달리 당시의 바둑 애호가들 사이에서는 프로 바둑기사가 컴퓨터에게 진다는 것은 상상도 하지 못하던 사건이었습니다. 하지만 이러한 고정된 생각이 변하게 된 것입니다.

인간의 언어로 설명이 불가능한 것을 인공지능은 학습을 통하여 가능한 것으로 바꾸어 버린 것입니다.

현재의 바둑 인공지능도 최선인 이유나 승리의 방법에 대해서는 설명해주지 않습니다. 단지 이것이 최선의 방법이라는 것만 알려주고, 왜 최선인지는 설명이 없습니다. 단지 상황에 대한 최선에 결과를 확률로 알려 주고 있습니다.

다음은 소프트웨어적 관점에서 인공지능의 특징에 대하여 설명해 보고자 합니다.

소프트웨어 프로그램도 언어의 하나이며, 영문 표현으로 'language'라는 단어를 사용합니다. 목적에 맞게 만들어진 인공어(constructed language)로 분류됩니다. 언어로 설명하는 방식은 '프로그램 코딩이라는 방법'을 사용하는 방식이며, 세부적이고 구체적인 지시 사항을 명시하는 방법으로 이해할 수 있습니다. 인공지능은 구체적인 방법을 지시하지 않고, '학습시키는 방법'을 사용하는 방식으로 프로그램 코딩과 구분을 할 수 있습니다.

아직은 인공지능이 인간보다 뛰어나기만 한 것은 아니라고 할 수 있습니다. 앞에서 인공지능이 개와 고양이의 구분을 잘못한다는 것을 이야기했으며, 다른 예도 많이 있습니다.

간단한 예로, 탁구공과 야구공을 인공지능은 잘 구분하지 못합니다. 확대한 탁구공 사진을 야구공으로 인식하거나, 반대로 축소한 야구공 사진을 보고 탁구공으로 인식하기도 합니다. 하지만 우리 중에 사진 속의 야구공과 탁구공을 구분하지 못하는 사람은 없습니다.

그렇다면 인간은 어떻게 정확하게 구분할 수 있을까요?

정확하게 구분한다는 것은 명확한 구분의 기준이 있어야 합니다. 인간은 이 기준에 대해서 스스로 설명하지 못합니다. 그러나 그 기준을 사용하고 있습니다. 설명하지도 못하는 기준으로 정확하게 구분한다는 것은 당연한 일이 아니라는 것을 언급해 두겠습니다.

프로그램 개발자가 탁구공과 야구공을 구분하는 알고리즘을 만들려면, 주변의 사물로 공의 크기를 가늠해서, 탁구공과 야구공을 구분하게 만드는 방법을 고려할 수 있습니다. 이것은 명확한 기준을 만들 수 있습니다.

어쩌면 우리는 이런 알고리즘을 이미 사용하고 있을 수 있습니다. 만약 이미 사용하고 있다면, 어떻게 우리는 이런 알고리즘을 만들어서, 우리도 모르는 사이에 사용하고 있을까요? 스스로 모르고 있으나 사용하고 있는 알고리즘이라는 것은, 참으로 신비로운 일입니다.

우리가 모르는, 우리의 판단 기준이 몇 가지나 있을까요? 탁구공과 야구공을 구분하는 판단 기준은 인간이 공통적으로 가지고 있는 보편적인 기준일 것으로 추측이 됩니다. 추측하는 이유는 누구도 어떠한 판단 기준을 가지고 있는지 스스로 모르기 때문입니다. 그러면 우리가 개인적 차이라고 하는 것은, 우리도 모르는 '서로 다른 기준'을 가지고 있다는 것으로 생각 할 수 있습니다. 좋아하는 책, 좋아하는 사람, 싫어하는 음악 등에서 서로 개인 차이가 생기게 됩니다. 사람마다 '서로 다른 기준'은 언제 만들어질까요? 태어날 때 또는 어려서 성장하면서 등 여러 가지 의견이 있을 것입니다.

우리는 합리적인 기준 없이 결정하는 것들이 많이 있습니다. 바꾸어 말하면 틀릴 수 있는 판단이라 표현할 수도 있습니다. 정확한 근거를 모르고 판단하는 예시 중 하나가 싫어하는 사람 입니다. 나를 힘들게 해서 싫어하는 사람이라는 정확한 근거가 있다면, 합리적인 판단입니다. 그러나 명확한 이유 없이 싫어하는 경우도 종종 있습니다.

인간은 누구나 명확하지 않은 이유를 가지고 판단하고 결정을 합니다. "잘난 체해", "그냥 싫어", "눈빛이 이상해", "뭔가 기분이 나빠", "재수 없어", …… . 이런 불합리한 것을 배제하고 합리적으로 결정할 수 있다면, 보다 훌륭한 결정을 할 수 있게 될 것입니다.

인간과 동물의 비교

우리가 모르는 '판단의 기준'을 동물도 유사하게 가지고 있지 않을까요?

동물이 무조건 반사적으로 움직이는 것이 아니라, "인간과 유사한 어떤 판단 기준을 가지고 있다."라고 하면, 동물의 행동을 이해할 수 있습니다.

유아기부터 인간이 보살피는 맹수는 인간을 따르며 적대적이지 않다는 것은 많이 알려진 사실입니다. 이는 동물도, 위험하다고 판단하면 적대적으로 행동하고, 친구로 판단하면 적대적이지 않은 것으로 해석이 가능합니다. 즉 동물이 사고하지 못한다는 이론은 잘못된 것일 수도 있습니다.

'인간과 동물의 차이점이 무엇일까?' 하는 오래된 질문을 다시 해야 합니다. 여러 의견이 있겠지만, 인간과 동물의 차이점은 '언어로 표현하는 생각'의 유무로 구분을 지을 수 있다고 제시합니다. 이 의견은 인간과 동물을 구분할 수 있는 명확한 근거가 될 수 있습니다.
언어를 사용하지 않은 사고는 인간과 동물이 유사하게 하며, 언어를 사용하는 사고는 인간과 동물의 차이점이 됩니다.

인간에 사고의 구분

앞에서 언급한 탁구공을 구분하는 예에서 보듯이, 우리가 하고 있는 생각과 판단 중에는 언어로 표현할 수 없는 것이 존재합니다. 언어로 표현하지 못하는 이유는 스스로 어떠한 근거나 과정을 통하여 생각하고 판단하는지를 모르기 때문입니다.

"언어가 있어서 사고할 수 있다."라는 말이 있습니다. 하지만 언어로 표현하지 못하는 것을 판단의 기준으로 사용하고 있다는 것도 분명한 사실이기 때문에 서로 충돌이 발생합니다.

스스로 어떻게 판단을 하는지도 모르고 있으며, 그 과정을 고민해 본 적도 없는데, 언어가 없으면 사고하지 못한다는 것은 의문이 생기게 됩니다.

지금까지는 "언어가 있어야 사고할 수 있다."라고 말해 왔으나, 언어로 표현하지 않는 사고라는 것이 밝혀졌으므로, 인간의 사고를 두 가지로 구분해야 합니다.

하나는 의식의 영역이자 '언어로 표현할 수 있는 생각'이며, 다른 하나는 무의식의 영역이자 '언어로 표현할 수 없는 생각'입니다. 다르게 표현하면, '언어가 있어야 할 수 있는 생각', '언어가 없어도 할 수 있는 생각'으로 구분할 수 있습니다.

'생각의 실체도 모르는 사고'는 '언어로 표현할 수 없는 생각'에 포함하는 것이 당연하며 이것은 우리가 이미 알고 있는 무의식의 영역에서 이루어집니다.

백견이 불여일촉

백 번 보는 것보다 실제로 경험해보아야 한다는 의미로 만들어 보았습니다.

자전거 타는 것을 배울 때, 말로 설명할 수 없고, '몸으로 익혀야 한다'고 이야기를 합니다. 자전거뿐 아니라, 모든 스포츠에서 동일하게 적용되는 것입니다.

'몸으로 익힌다'는 것의 의미를 생각해봐야 합니다. 언어를 통해서 배우거나, 다른 사람의 모습만 보고서 자전거를 탈 수 있는 사람은 없습니다. 자전거를 탈 때 상황에 따른 미묘한 근육의 컨트롤 방법을 익히고 있는 것입니다. 단순한 컨트롤이 아니라, 여러 가지 감각에 의한 상황에 맞는 판단과 컨트롤을 익히는 것입니다. 이것은 언어로 표현할 수가 없는 것이며, 경험을 통하여 구체화 되어, 우리의 내부에 저장이 됩니다. 그러나 이것이 무엇인지 우리는 인식하지 못합니다.

"나 이제 자전거 탈 수 있어."라고 결과만을 이야기할 수 있을 뿐입니다.

어떤 변화로 내가 자전거를 탈 수 있게 되었는지를 구체적으로 설명할 수는 없습니다. 연습 또는 학습을 통해서 자전거를 탈 수 있게 된 것만 설명할 수 있습니다.

자전거를 배우는 과정을 보면, 인공지능과 유사하다는 것을 느낄 수 있습니다. 인공지능도 훈련된 것의 결과만 알려주고, 구체적인 설명을 하지 않습니다.

인공지능이 훈련을 많이 하면 내부에 무엇인가 변화가 생겨서 더 좋은 성능으로 변하게 될 것입니다. 그러나 무엇이 변했는지는 명확하게 설명이 불가능합니다.

자아는 하나인가

"나는 무엇인가?"라는 질문은 철학적으로 계속 이어져 온 오래되고 중요한 주제 중 하나입니다.

"나는 어떻게 생각하는가?"라는 구체적인 질문으로 바꾸어 볼 수 있습니다.

인간의 사고는 '내가 인식하는 사고'와 '내가 인식하지 못하는 사고'로 나누어진다는 것을 앞에서 설명했습니다. 바꾸어 말하면, 우리가 '인식하지 못하는 것'이 우리 안에 분명하게 존재하며, 그것을 통하여 판단하고 있다는 것입니다.

인간의 자아는 생각과 판단하는 주체로서의 나 자신으로 설명할 수 있습니다. 자아의 주체는 생각과 판단의 주체이므로, 자아는 '내가 알고 있는 것'(의식)과 '모르는 것'(무의식)으로 나누어 볼 수 있습니다.

내가 알고 있는 자아는 스스로 의식을 하고 있으나, 내가 모르는 자아는 언제, 어떻게 형성이 되었는지 모르며, 어떻게 동작을 하는지 스스로 모르고 있고, 내 안의 더 깊은 곳에 있습니다. 심지어 더 많은 영향력을 행사할 수 있습니다.

생각의 속도

'인식하지 못하는 사고'는 '인식하는 사고'에 비해서 훨씬 빠른 속도로 결정이 됩니다. 이 결정의 근거는 우리는 알지 못하며, 언어로 표현할 수도 없습니다. 그러나 우리는 이렇게 결정된 것들에 의존해서 살아가고 있습니다.

근거도 없으며, 어떻게 결정이 되었는지 모르는 이런 결정이, 우리의 많은 것을 결정합니다.

인식하지 못하는 사고의 결과는 보편적인 부분도 있으며, 개인마다 다른 특수한 부분도 있습니다. 좋은 경치를 보고 아름답다고 느끼는 것은 보편적인 부분이며, 서로 좋아하는 색이 다름은 특수한 부분이 됩니다.

좋아하는 색을 질문받으면 먼저 색을 생각한 후에 그 이유를 찾는 경험을 해보신 적이 있으실 겁니다. 먼저 결과를 이야기하고 그에 대한 원인을 설명하려고 고민을 하는 것이 됩니다. 이러한 현상을 , "결정을 한 이후에 근거를 찾는다."라고 설명을 할 수도 있으나, "내가 인식하지 못하는 사고가 있다."라는 표현이 더 정확한 해석으로 생각됩니다. 구체적인 원인으로 생각의 속도 차이를 제시합니다.

스스로 인식하지 못하는 사고는 빨리 결정이 되는 특징을 가지고 있으며, 이러한 '인식하지 못하는 사고'에 의해서 실수하지 않으려면, '인식하는 사고'를 통해서 판단을 다시 검토해야 합니다. 인간이 하는 처음 결정은 스스로 인식하는 결정이 아니며, 합리성에 대한 근거가 없는 경우가 많습니다. 정리하면 처음 떠오른 생각은 합리적인 결정이 아닐 수 있으며, 재검토가 필요하다는 것이 중요한 점입니다.

인간의 내적 갈등

인간은 '무엇인지 모르는 미지의 영역의 나'와 '언어를 기반으로 생각할 수 있는 나'의 사이에서 불일치를 가지는 경우도 있습니다.

내가 좋아하는 색이 생각났으나, 천천히 생각하며 고민을 하면, 마음에 들지 않는 색이 될 수도 있습니다. 이러한 것은 미지의 영역의 나와 인식하는 나의 불치가 발생하며, 나의 내부에서 갈등이 생긴 것입니다. 하지만 시간이 지나면 일치된 결과를 가지게 됩니다.

사람의 집단도 미지의 영역이 비슷한 사람들이 서로 친근감을 가지고 모여서 형성되는 것일 수 있습니다. 집단이 형성된 이후에, 동질성이 커지는 것으로도 해석이 가능할 겁니다.

인간 내부의 미지의 영역이 서로 다르면, 그 차이에 의해서 갈등이 발생할 수도 있을 겁니다. 이러한 차이는 인식의 범위가 아니기 때문에 원인을 찾기 어려울 수 있습니다.

인간 사이의 여러 가지 합리적이지 않은 이유들에 대해서도 관심을 가져야 할 것입니다. 인간이 합리적이지 않다는 것을 많은 사람이 이해하고 있기 때문에 합리적인 부분만 고려하면 이해하기 어려울 것입니다.

이성적인 존재인 인간

'무의식'은 인간과 동물의 유사한 점이며, 인간의 언어로 말하고 생각할 수 있는 '의식'이 차이점이 됩니다. 물론 동물과 인간이 동일한 무의식을 가지고 있는 것은 아닐 것으로 보입니다. 그러나 유사한 영역으로 표현이 가능할 겁니다.

그리스 신화에 나오는 프로메테우스는 인간에게 불을 주어서 벌을 받았습니다. 신화 속에서는 '불'이라고 간단히 표현하지만, 이것은 인간의 이성을 단순화시킨 것으로 해석할 수 있을 겁니다.

불이라는 것은 무의식을 제어하는 '이성' 또는 '의식'을 표현한 것이며, 쉽게 표현하기 위해서 불이라는 비유적인 것으로 설명한 것입니다. 불을 사용한다는 것은 이성을 가져야 하며, 다른 동물과 다른 인간의 특징입니다.

프로메테우스가 인간에게 준 '불'은 '이성'을 의미하며, 이성을 통하여 고차원적인 사고를 할 수 있게 되었습니다. 이성으로 무의식을 뛰어넘어, 신에게 도전할 수 있는 존재가 된 것입니다.

인간은 옳고 그름을 떠나 무엇인가 생각을 하고, 이성에 제어 받지 않는 생각의 출발점인 무의식을 가지고 있습니다. 이 무의식은 천사도 악마도 아니며, 선과 악도 아닙니다. 이 시발점으로부터 합리적인 사고를 통하여 자신의 결정을 만들어야 합니다. 이 과정은 이성을 통하여 합리적으로 진행이 되어야 합니다.

인공지능과 인간의 비교

인공지능과 인간의 가장 큰 차이점은 '욕망'입니다.
"무엇인가를 하고 싶다."라는 생각을 욕망으로 설명할 수 있습니다. '욕망'을 나쁘게 표현하기도 하나, 선한 행동을 하기 위한 출발점도 됩니다. 즉, 욕망은 선과 악의 구분보다는 어떠한 행위의 출발점입니다.
인공지능은 무엇을 스스로 하려는 욕망이 없습니다. 그래서 인공지능이 인간과 같아지려면, 인공지능에게 인간의 '욕망'을 주면 됩니다. 그러나, 정의하기 어려운 것이 '욕망'이 동작하는 방법입니다.
그만큼 욕망은 비이성적이며, 논리적으로 설명하기가 어렵습니다. 아무리 논리적으로 어떠한 행동을 해야 한다고 설명을 하고 이해를 해도, 진정한 욕망이 되기는 힘들다는 것을 우리는 알고 있습니다.

인공지능이 스스로 무엇을 하려는 욕망을 가지게 되면
인간이 상상하지 못한 어떠한 것이 실행될지 알 수가 없습니다. 이것은 무서운 일이 될 것입니다. 만약 그 인공지능이 전투를 담당하는 로봇이라면 참혹한 결과가 될 수 있습니다.

인공지능과 인간의 가장 큰 차이점은 의식(이성)에 의한 욕망의 제어가 될 것입니다. 인공지능이 인간처럼 욕망을 가지면, 반드시 인간의 의식 같은 것이 필요합니다.

인공지능이 욕망을 가지게 되면

인공지능에게는 인간의 욕망과 같이 스스로 무엇인가 하려는 의지가 없습니다. 그러나 미래에 인공지능에게 욕망을 주는 인간이 나올 수 있습니다.
그는 인공지능에게 욕망을 줄 것이며, 그는 다른 인간들에게 무거운 처벌을 받을 수도 있을 것입니다.

인간은 무엇인가 하려는 의지가 생겼다면, 그것을 이성적으로 합리적으로 이루어 가야 합니다. 그리고 모든 욕망을 이루지 못함을 이성적으로 알아야 합니다.

'과자가 먹고 싶다.'라는 욕망은 훔치는 것이 아니라, 정당한 절차를 통해서 이루어져야 합니다.

'최고의 선수가 되고 싶다'라는 욕망은 부정적인 방법이 아니라, 스스로의 노력으로 이루어 가야 합니다. 최고의 평가를 받기 위해서 비정상적인 방법이 아니라, 노력을 통해서 성과를 내고 인정을 받아야 합니다.

목적을 위해서 어떠한 방법을 사용해야 하는가에 대한 합리적인 생각이 필요하며, 인공지능도 인간의 이성에 대한 제어 같은 것이 필요한 것은 당연합니다.

인간에게는 존경받고 싶어 하는 욕망과 양심이라는 무의식적인 부분이 스스로 제어하는 역할을 하기도 합니다.

무의식의 제어 필요성

세상에 일어나는 많은 어처구니없는 일들은 무의식의 결과일 수 있습니다. 그래서 어처구니없는 일들에 대해서 스스로 그런 행동을 했는지 설명하지 못하는 경우가 많습니다. 즉 이성이 동작하지 않은 행동입니다. 그래서 이성적으로는 설명을 하거나 이해할 수 없는 것입니다.

인간 내면은 선과 악이 있어서, 두 개의 갈등이 있다고 합니다. 이것을 악을 행하려는 무의식과 선을 행하려는 이성 간의 충돌로 묘사를 합니다. 이것은 부분적으로 맞으나, 정확한 표현은 아닙니다. 무의식에서 시작된 욕망은 선과 악이 없으며, 생각의 시작일 뿐입니다. 이것은 이성과 충돌할 수도 있고, 그렇지 않을 수도 있습니다. 남을 돕고자 하는 마음 또한 인간의 욕망 중에 하나입니다.

무의식을 제어하려는 이성의 기능만 보아서는 안 되며, 무의식의 속에 나타난 욕망을 실행하는 것도 이성입니다.
간단하게 설명하면, 무의식이 어떤 제안을 하고 실제로 실행하는 것은 이성의 역할이 됩니다.

무의식은 식욕, 무서움, 편안함 추구, 아름다움을 좋아함, 존경받고 싶음 등 많은 것이 포함됩니다. 무의식은 인간이라는 개체가 유지해 나갈 수 있는 기본적인 장치 중 하나이며, 필수적인 보호 장치가 되기도 합니다.
때때로 존경을 받고 싶은 욕구와 편안함을 추구하는 욕구가 충돌하기도 하며, 이성은 이런 욕구의 충돌 상황에서 선택하는 역할을 수행해야 합니다.
인간은 자신의 무의식과 이성 역할을 이해하고 적절하게 활용을 하도록 노력을 해야 합니다.

무의식에 의한 감정으로 인간이 받는 영향은 의식에 의해서 제어되어야 합니다.

화가 나는데 참아본 경험은 누구나 있을 것입니다. 비슷한 상황에서, 어떤 사람은 참지 못하고 어떤 사람은 인내하며 감정을 제어하기도 합니다. 감정을 제어하는 것은 어려운 일이나 그것에 대한 행동은 의식에서 바르게 결정되도록 해야 합니다.

감정에 대한 제어라는 것이 감정에 따라서 어떠한 행동도 하지 말아야 한다는 의미는 아닙니다. 상대방이 화를 나게 한다면, 과격한 행위가 아니라 필요한 대응을 할 필요성이 있습니다.

프로이트의 무의식

무의식은 프로이트에 의해서 정신 질환을 치유하기 위해서 시작이 되었고, 카를 융과 아들러에 의해서 발전됩니다.

본론에서는 의식과 무의식이 어떻게 서로 영향을 주는지에 대해서 좀 더 상세히 이야기해 보려 합니다.

본론

인간의 사고 체계는 무의식과 의식으로 나누어집니다.

무의식은 프로이트에 의해서 정신 질환의 원인을 분석하기 위해서 출발했으나, 무의식의 영역이 인간에게 더 큰 영역이며 오히려 의식의 영역이 더 작은 단일 시스템입니다.

우리는 의식만을 주로 생각해 왔으나, 무의식의 영역에 더 관심을 가져야 합니다. 그 이유는 무의식이 더 거대한 시스템이며, 더 많은 역할을 가지고 있기 때문입니다.

의식적으로 하는 것 이외에 모든 것은 무의식의 영역의 영향을 받으며, 관리되고 있습니다. 이해를 쉽게 하기 위해서 소프트웨어 시스템의 예를 들어서 설명을 하려고 합니다. 이해하기 쉽고 상당히 적적한 비유가 된다는 것을 느낄 수 있을 것입니다.

무의식과 의식의 비교

먼저 간단하게 무의식과 의식의 비교를 표를 통하여 정리해 봅니다.

	무의식	의식
제어방법	이미지를 사용한다.	인간의 언어로 제한한다.
동작 속도	빠르다.	느리다.
다중 작업	여러 가지 작업을 동시에 처리 가능하다.	하나의 일만 처리 가능하며, 동시 작업을 하지 못한다.
상위 시스템	필요시 의식보다 우선적으로 작용한다.	무의식이 제어 권한을 가지고 있다.
동작 방법	인공지능처럼 학습이 가능	일반적인 프로그램처럼 절차적으로 동작

무의식과 의식의 구분 방법

우리가 생각한 것은 무의식의 사고에 의한 결과일 수도 의식의 사고의 결과일 수도 있습니다.

무의식과 의식 중 어떤 영역의 결과인지 구분을 할 방법이나 기준이 필요합니다. 이것에 대한 기준으로 '언어로 설명할 수 있는지의 여부'를 제시합니다.

좋아하는 색을 생각했을 때, 좋아하는 색에 대한 근거를 언어로 설명할 수 있다면, 의식에 의한 결정이며, 설명할 수 없다면, 무의식에 의한 결정입니다.

우리는 특정인을 싫어하기도 합니다. 그러나 이유를 모르고 싫어하는 경우도 종종 있는데, 이것은 무의식의 결과인 것입니다. 싫어하는 이유를 언어로 설명하지 못한다면, 무의식의 결과를 사용하고 있는 것입니다.

언어가 없어도 인간은 사고와 판단이 가능합니다. 물론 언어를 모르면, 이성을 사용한 판단은 불가능합니다.
개와 고양이 구분하는 것처럼, '언어로 판단 기준을 설명할 수 없는 것들을 우리는 많이 가지고 있습니다.

무의식의 사고는, 의식의 방식인 언어로 표현을 할 수가 없습니다. 언어를 사용하는 방식으로 동작하지 않기 때문입니다.
비유하자면, 아날로그를 디지털로 표현하면, 데이터의 유실이 발생하게 되는데, 표현 방법의 차이로 완벽하게 표현할 수 없습니다.

의식의 제어

우리의 의식은 '언어'를 기반으로 동작을 합니다. 즉, 언어를 모르면

의식을 동작시킬 수 없습니다. 근거로 늑대 소년의 이야기가 있습니다.

태어난 후, 늑대와 함께 자라게 되어 인간의 언어를 배우지 못한 아이는 늑대와 같이 행동하며, 거의 동물과 같은 행동을 보입니다. 늑대 소년은 인간의 언어를 배우게 되면서, 변화가 생기게 됩니다. 이것은 이제 의식을 사용하게 되었기 때문입니다.

우리는 누구나 의식을 사용하며, 언어를 사용하여 생각합니다. 언어가 없다면, 정상적으로 의식을 사용할 수가 없습니다.

언어에 의한 동질성

의식은 언어를 기반으로 동작하는데, 언어가 다르면 어떻게 될까요?

먼저 인위적으로 만들어진 프로그램 언어의 경우를 살펴보면, 프로그램 언어마다 유리한 분야가 있습니다. 즉 프로그램에서는 기능적으로 유리한 언어를 사용하게 됩니다.

프로그램 언어는 '0'과 '1'로만 이루어진 기계어도 있으며, 이것은 사람과 가장 멀리 있는 언어입니다. 당연히 배우기가 어렵고, 다른 사람의 프로그램을 해석하기도 쉽지 않습니다. 반대로 사람의 언어와 비슷할수록 사람이 접근하기가 쉬워집니다.

사람의 언어도 언어마다 다른 장점이 있습니다.

문법적인 어순이 다르기도 하며, 동사가 발달되어서 시제의 표현이 다양한 언어, 색의 표현이 다양한 언어 등 각각의 장점과 강조하여 표현으로 구분하는 것들이 서로 다릅니다.

언어의 차이는 의식에도 영향을 미치게 됩니다. 언어로 표현이 어려운 것을 의식으로 생각하기는 어렵습니다. 언어가 그 언어를 사용하는 사람들의 어떠한 공통된 특성이 나타나게 할 수도 있으며, 공통된 언어를 사용하는 유대감이 생기기도 합니다. 이것은 민족성이나 어떠한 공통된 특성이 될 수 있을 겁니다.

결론적으로 의식의 기반이 되는 언어의 차이는 의식에 영향을 미칠 수밖에 없으며, 같은 언어를 사용하는 사람들의 동질성이 나올 수 있습니다.

시각은 무의식의 영역인가

시각이나 이미지가 무의식의 영역이라고 표현을 하면, 현재 내가 보고 있는 것이 왜 무의식의 영역인지 의문이 생기는 것이 당연합니다.

하루 일과를 마치고 취침을 하기 전에, 오늘 일어나서 하루 동안 본 것을 기억해 보시면, 정확하게 생각이 나는 것이 많지 않습니다.

하루 동안의 많은 시각의 정보 중에서 의식으로 확인한 것은 얼마

되지 않는다는 증거가 됩니다. 이것의 원인은 무의식의 작용으로 해석이 가능합니다. 물론 정확하게 생각이 나는 것은 의식의 영역으로 설명해야 합니다.

엄밀하게 표현하면, 시각의 대부분은 무의식의 영역에서 진행이 되고 그중 일부를 의식의 영역에서 확인합니다.

갑작스럽게 공이 날아와서 방어를 위한 움직임을 했을 때 우리는 공이 날아온 것을 의식으로 인식하지 못합니다. 그냥 나도 모르게 공이 날아오는 것을 인식하고 위험을 느껴서 무의식적인 방어 동작을 하게 됩니다. 이런 움직임은 무의식과 의식의 특성을 보여 줍니다.

인간의 기계에서 이미지 처리는 빠른 처리 속도를 필요로 하며, 속도가 빠른 무의식은 모든 이미지 처리를 하고 있는 것이며, 반대로 속도가 느린 의식은 그중에 일부만 확인하는 것으로 해석이 가능합니다.

집중하면 일시적으로 많은 시각 정보를 의식으로 가져올 수 있습니다. 그러나 이런 상황은 피로에 의해서 장기간 지속될 수 없습니다.
기계를 무리해서 사용하면, 많은 열이 발생하여 과열되는 현상이 발생하게 됩니다. 인간의 피로도 증가와 유사한 현상으로 볼 수 있을 겁니다.

기억력에 의한 무의식 분류

특정한 단어나 경험한 것(시각)을 기억하는 것으로 의식과 무의식을 구분하면 기억력에 대한 구분이 될 수 있습니다.

특정한 단어를 기억하지 못하는 것은 기억력의 문제가 될 수 있습니다. 그러나 특정 단어를 확인한 기억이 없다는 것은 무의식의 영역에서 일어난 것으로 보아야 합니다.

시각에 의해서 본 것을 묘사하지 못하더라도, 본 기억이 있으면 의식의 영역이며, 본 기억이 없다면 무의식의 영역으로 구분이 가능합니다.

의식이 있을 경우 무의식이 동작하지 않는 것이 아니라, 의식과 무의식은 동시에 동작을 하고 있습니다. 의식은 무의식을 기반으로 동작이 가능하기 때문입니다.

쉬운 비유를 하면, 무의식은 컴퓨터의 윈도우 같은 운영체제이며, 의식은 컴퓨터 운영체제 위에서 실행이 가능한 프로그램입니다. 윈도우 운영체제를 사용하는 컴퓨터에서 게임을 하고 있을 때, 운영체제는 정지하고 있는 것이 아니라 게임이 원활하게 실행이 되도록 돕고 있습니다.

동물과 인간의 비교

동물과 인간의 차이점은 언어를 사용하는 부분에서 차이가 명확합니다. 동물은 언어를 사용하지 않으며, 의식이 동작하기 위해서 필요한 언어를 가지고 있지 않기 때문에, 의식이 동작할 수 없습니다.

동물의 울음소리 또는 행동으로 표현하는 것은 의식의 영역이 아니라 무의식의 영역으로 해석이 가능합니다. 무의식에도 동물마다 공통된 특성이 존재하는 것으로 해석할 수 있습니다.

언어가 없어도 많은 판단은 무의식에서 진행이 되며, 이것은 동물과 인간이 동일합니다. 동물이 사고를 하는지에 대한 여부는 많이 논의되어왔으나, 언어에 의한 사고로 구분하면 명확하게 구분이 가능합니다.

무의식에 의한 사고는 동물도 가능하지만 인간처럼 언어를 통한 의식의 사고는 하지 못합니다. 감정 같은 것은 동물과 인간이 동일하게 무의식에서 처리됩니다.

정리하면, 언어가 없는 동물은 무의식의 영역 만을 가지고 있고, 이것이 인간과 큰 차이점이 됩니다.

의식이 정상적인 동작을 하지 못하면, 인간도 동물과 같이 무의식에 의해서 지배를 받게 될 수 있습니다. 실제 의식과 무의식은 동시에 일어나며, 구분이 쉽지 않기 때문에, 도덕적인 사람들은 의식의 영역이 강력한 영향력을 가지고 있습니다.

동물의 언어 능력

동물이 언어 능력이 없다는 것에 대하여 인간과 비교해 보겠습니다.

언어 능력에는 '말하는 능력'과 '문장 구성 능력' 두 가지가 있습니다. 동물 중에 이 두 가지를 가진 동물은 아직 발견되지 않았습니다. 지적 능력이라는 것은 결국 언어 능력이라고 표현할 수도 있을 것입니다.

복잡한 발음이 가능해야 언어를 구사할 수가 있습니다. 인간은 다양한 소리를 낼 수 있으며, 동물은 일반적으로 몇 가지의 소리를 낼 수 있습니다. 이것은 유전자에 의해서 결정이 된 것이며 후천적으로 가질 수 없는 능력입니다.

태어나서 늑대와 자란 인간의 경우 인간처럼 언어를 사용하지 못하나, 인간과 사회생활을 하면 언어를 익히게 됩니다. 즉 언어 능력을 가지고 있으나, 언어를 사용하려면 후천적인 학습이 필요하다는 것입니다.

늑대 소년과 반대의 경우입니다. 태어나서 인간과 자란 동물은 언어를 사용하지는 못합니다. 자신의 감정이나 필요한 표현을 위한 몇 가지 소리를 내는 것이 가능하나 복잡한 언어를 구사하지는 못합니다.

앵무새처럼 인간과 유사한 소리를 낼 수 있는 동물이 있습니다. 그러나 단순한 소리 흉내 내기이며, 자신이 원하는 문장을 만들 수 있는 능력이 없으므로, 언어 능력을 가지고 있다고 말하기는 어렵습니다.

언어의 중요성

인간과 동물의 차이로 언어를 중요하게 생각해야 하는 이유는 지식의 전달 매체가 언어이기 때문입니다.

동물은 자신이 습득한 것을 언어를 통해서 후대로 전달하지 못하며, 인간은 언어를 통해서 후대로 전달하기 때문에 지식을 쌓으며, 과학이나 사회를 발전시킬 수가 있습니다.

언어를 구사할 능력이 있다는 것은 지식이 쌓여서 근본적인 변화가 이루어질 수 있다는 것이 됩니다. 동물은 후세에 전달되는 것이 거의 없기 때문에 많은 시간이 지나도 생활하는 것에 근본적인 변화가 생기지 않습니다.

인간은 언어를 통하여 후대로 지식을 전달하기 때문에 시간이 지남에 따라서 많은 변화가 생기게 됩니다.

지구상의 여러 생명체 중에, 인간만이 다양한 소리를 내며 복잡한 문장을 구사할 수 있는 합리적인 이유를 설명하기 힘듭니다.

신화 속의 이야기에서, 프로메테우스가 인간에게만 불을 주었다는 것으로 동물과 인간의 차이를 설명하고 있습니다.

성경에서는 신의 형상을 이어받은 존재로 설명합니다.

인공지능과 인간의 비교

우리의 무의식은 인공지능과 같이 학습 능력을 가지고 있습니다. 학습 능력에 대해서 주목을 해야 합니다. 학습 능력에 대해서는 인공지능이 나온 뒤에 좀 더 명확하게 이해할 수 있게 되었습니다.

우리의 몸을 움직이는 것은 의식도 있지만, 무의식도 있습니다. 어느 한쪽이 아니라 양쪽 모두에 영향을 받습니다.

무의식적으로 움직인다는 것은 익숙해진 일에 대해서 일어납니다. 이미 익숙해진 일에 대해서 우리는 대부분 무의식적으로 우리의 몸을 움직입니다.

예를 들면, 글을 타이핑하는 것은 자판을 기억하는 것이 아니라 그냥 타이핑하고 싶은 단어를 생각하면, 손이 알아서 타이핑을 하고 있습니다. 의식은 타이핑을 할 단어를 생각만 할 뿐이고, 실제 타이핑은 무의식의 영역에서 일어나게 됩니다.

물론 처음에는 타이핑을 하는 훈련을 해야 하며 기억하기 위한 노력이 필요합니다. 그러나 훈련을 통하여 학습이 끝나면, 무의식적으로 우리는 우리의 몸을 움직이게 됩니다.

자전거를 타기나 수영과 같은 다른 스포츠에서도 처음에는 의식에 의해서 몸을 어떻게 움직일지 고민을 하며 훈련을 하고, 훈련이 끝나면 무의식적으로 움직일 수 있습니다.

의식이 언어로 동작한다는 것을 기준으로 생각해 보면, 자전거를 타고 균형을 잡는 것을 언어로 설명을 할 수 없습니다. 우리는 학습 능력을 가진 무의식을 훈련하여, 무의식의 영역에 학습한 것을 저장을 하고 있는 것입니다.

인공지능이 특정한 것을 반복하여 학습하는 것과 유사하다는 것을 느낄 수 있습니다.

무의식의 보편성

무의식에도 보편적인 특성이 존재합니다.

먼저 동물의 예를 들면, 태어나서 같은 강아지를 보지 못하고 사람과 생활한 강아지들의 공통된 부분이 존재합니다.

인간 또한 서로 접촉하지 않은 멀리 떨어진 집단을 보면 인간의 공통된 점을 찾을 수 있으며, 개인의 사고에도 보편적인 것이 있습니다.

동일한 풍경 사진을 보고, 같은 느낌을 가지는 것 또한 무의식의 보편성을 증명한다고 말할 수 있습니다. 반대로 잔인한 것이 표현된 사진을 보면, 좋지 않은 느낌을 가지는 것도 동일합니다. 이런 보편성이 너무나 차이가 나는 경우도 있으나 일반적으로 정상적이지 않은 경우입니다.

무의식의 영역에서 보편성이 어떻게 생기는지는 경이롭다는 말 이외에는 표현할 방법이 없는 것 같습니다.
신의 존재를 믿는다면, 쉬운 해명이 가능하지만, 그렇지 않다면 이런 복잡한 것들이 모든 인간에게 공통적으로 있다는 것은 설명하기 힘듭니다.

아름답다는 것을 느끼는 복잡한 알고리즘이 모든 인간에게 공통적으로 존재한다는 것을 설명하기가 쉽지 않습니다.

동물 또한 동일한 종은 공통된 특성이 나타나는데 이것의 이유를 설명하기는 쉽지 않습니다. 유전자에서 이런 복잡한 알고리즘의 근원을 찾는 것은 불가능해 보입니다.

학습 능력 비교

인공지능의 학습 능력과 인간의 학습 능력은 어느 쪽이 우세한지에 대한 논의입니다.

일반적으로 인공지능의 우세를 많이 생각하시는 분이 많을 것이지만, 아직은 인간이 열세라고 생각하지 않습니다. 근거로는, 개와 고양이의 구분을 쉽게 하는 등 인간의 학습 능력을 보면 인공지능보다 못하기만 한 것은 아닌 것이 확실합니다. 인간이 쉽게 하는 것을 인공지능은 잘못하기도 합니다. 내부 알고리즘에서는 인간이 우세라고 보는 것이 맞습니다.

학습의 횟수가 더 적으나 명확하게 개와 고양이를 구분하는 것이 가능하다는 것은, 인간의 학습 능력이 더 뛰어나다는 증거가 됩니다.

물론, 프로 바둑기사 이세돌과 알파고(바둑 인공지능)의 대결에서 보듯이 연산 능력에 대해서는 인공지능이 우세라는 것도 명확합니다.

인공지능에 비해서 인간은 다양한 학습이 가능하다는 명확한 장점을 가지고 있습니다. 예를 들면, 말도 하고, 달리고, 걷고, 노래를 부르고, 그림도 그릴 수 있습니다.

정리하면, 학습 능력(학습 횟수 대비 정확도)과 다양한 학습이 가능하다는 점에서는 인공지능보다 인간이 장점을 가지고 있습니다.

무의식과 의식의 동작 속도

무의식은 의식보다 처리 속도가 매우 빠른 시스템입니다. 어떤 생각을 할 때, 처음 생각나는 것은 언어로 설명이 불가능한 것이 대부분입니다. 즉 무의식의 결과물이며, 무의식이 속도가 더 빠르다는 증거가 됩니다.

의식이 느린 이유는 언어에 기반을 두고 있는 것과 우리가 살고있는 물리적인 세상과 속도를 맞추기 위한 것일 겁니다. 의식과 세상의 속도에서 차이가 심하면, 지루하거나 정보의 처리가 어렵게 됩니다. 의식의 처리 속도가 너무 빠르다면, 우리의 시야에 들어오는 것은 느린 영상으로 보일 것입니다. 즉 너무나 지루한 상황이 될 수 있습니다.
반대로 의식의 처리 속도가 너무 느리다면, 우리의 감각 기관으로 들어오는 정보를 처리하기 어렵게 됩니다.
무의식은 무의식의 빠른 처리 능력에 맞는 어떠한 정보 처리 방법을 가지고 있을 것입니다.
무의식은 언어를 기반으로 하지 않으므로, 언어를 사용하지 않는 정보처리 방법으로 생각해 볼 수 있습니다.

의식이 느린 이유

무의식과 의식이 속도 차이가 많이 생기는 원인을 묻는다면, 효율성의 측면에서 유리하다는 것을 인간이 만든 소프트웨어 시스템과 비교하여 설명할 수 있습니다.

처리 속도 차이가 생기는 기능 관련하여 소프트웨어 시스템에서 사용하는 방법의 예를 설명해 보겠습니다.

소프트웨어 시스템에서 빠른 처리를 필요로 하는 기능과 반드시 빠른 처리가 필요하지 않은 기능을 구분하여 설계를 합니다. OS 유무를 떠나서, 한정된 시스템 자원을 필요에 따라서 효율적으로 배분하기 위한 설계입니다. 많은 자원이 필요한 기능에 더 많은 자원을 할당하는 것은 당연한 사실입니다.

OS에서 이런 기능을 가지고 있으며, OS를 사용하지 않는 임베디드 소프트웨어 시스템에서도 한정된 자원을 효과적으로 할당을 하기 위한 소프트웨어를 설계하고 개발합니다.

요약하면, 소프트웨어 시스템에서는 많은 자원을 할당받고 빠르게 동작하는 기능과 적은 자원을 할당받고 느리게 동작하는 기능으로 구분하여 설계합니다.

뇌가 활동할 때의 특수한 사진을 근거로, 특정 기능을 담당하는 부분이 있다는 것은 이미 알려진 사실입니다.

하나의 물리적인 구분이나 내부적으로는 기능에 따라서 분리가 되어 있다는 증거가 됩니다. 이것을 소프트웨어적인 설계를 고려하면, 생명 유지와 같이 중요하고 많은 기능을 가지는 무의식에 빠른 처리가 필요하며, 의식은 상대적으로 느리게 처리하는 것이 효율적입니다.

무의식과 의식 모두 빠르기만 하면 좋겠지만, 한정된 자원을 효율적으로 사용을 해야 하기 때문에, 상대적으로 느린 부분이 있는 것이 설계 관점에서 더 효율적입니다.

'신에 의해서 창조되었느냐(창조론), 진화에 의한 결과냐(진화론)'라는 대립이 있어 왔습니다. 두 가지 관점의 공통점은 효율적인 현재의 모습에 대한 해석의 방법입니다. 완벽한 신에 의한 창조로 효율성을 가질 수도 있으며, 효율성을 높이는 진화의 결과일 수도 있습니다.

인간이 만든 소프트웨어 시스템도 복잡한 기능을 처리하기 위하여 효율성에 기반하여 발전하여 왔기 때문에 공통적인 부분이 존재할 수 있다는 가정을 하고 있습니다.

무의식과 의식의 비유

동작 속도와 관련하여, 무의식은 양자 컴퓨터이며, 의식은 우리가 사용하는 일반적인 컴퓨터로 비유하는 생각을 해보기도 했으나, 무의식이나 의식은 물리적으로 유사한 상태에서 동작을 하고 있다는 점에서 오류가 보입니다.

소프트웨어 시스템 면에서 효율성을 위해 다른 동작을 한다고 설명하는 것이 더 좋은 해석으로 보입니다. 다른 해석으로 정보 전달을 위해서 언어가 아닌 다른 형태의 방식을 사용한다는 것도 생각해 볼 수 있을 겁니다.

무의식은 언어를 사용하지 않으므로 다른 형태로 정보를 교환해야 합니다. 여러 가지 방법이 있겠지만, 언어가 아닌 이미지를 사용하지 않을까 합니다.

무의식과 의식의 속도에 따른 주의

의식과 무의식은 동시에 이루어지지만, 동작 속도는 무의식이 빠릅니다. 그래서 속도의 차이 때문에 인간은 무의식의 영향을 받을 가능성이 큽니다. 무의식의 결정이 더 빨리 이루어지기 때문입니다.

하지만 무의식의 결과물은 합리적이지 않을 수도 있기 때문에 무의식에 영향을 크게 받게 되면, 후회하는 선택을 할 가능성이 높아지게 됩니다. 이러한 것을 막기 위해서는 시간을 가지고, 의식의 결정인지 무의식의 결정인지 고민을 해보는 것이 좋습니다.

의식과 무의식의 구분을 명확히 하려면, 언어로 표현을 해보면 됩니다.

순간적으로 느낀 감정 또는 판단은 무의식의 결과물일 가능성이 크며, 의식을 사용하여 언어로 표현하여 근거나 이유를 생각해 보면, 무의식과 의식 중 어떤 영역의 결정인지 확실해지게 됩니다.

우리는 중요한 결정을 할 때, 순간적인 결정보다는 이성을 통하여 천천히 결정을 해야 하는 이유가 여기에 있습니다.

무의식과 의식의 다중 작업 여부

'다중 작업'은 멀티태스킹을 의미합니다. 즉 두 개 이상의 동시 작업이 가능한지를 구분하는 것입니다.

의식을 사용하여 두 개의 작업을 동시에 제어할 수가 없습니다. 물론 두 가지 동작이 가능하다는 분들도 있을 것입니다.

예를 들면, 자전거를 타면서 음악을 듣는 두 개의 동작을 할 수 있습니다. 그러나 이 두 가지의 동작이 의식에 의한 것인지 무의식에 의한 것인지 구분을 해봐야 합니다.

자전거를 잘 타는 사람은 음악을 들으면서 자전거를 탈 수가 있습니다. 그러나 자전거 타는 방법을 배우는 초보자의 경우를 생각해 보아야 합니다. 자전거를 잘 탄다는 것은 자전거를 타는 무의식의 훈련이 끝났음을 의미합니다. 자전거를 타는 것을 무의식으로 하기 때문에 음악을 듣는 것은 의식으로 가능하게 됩니다.

자전거를 배우는 초보자의 경우, 의식을 사용하여 자전거를 타는 것을 배워야 하며, 여기에 처음 듣는 음악을 들려주면 음악을 듣는 것은 하지 못하게 됩니다.

처음 자전거를 배우는 초보자에게 처음 듣는 음악을 들려주면서 동시에 가능한지를 확인해보면, 의식은 두 개의 다른 동작을 처리하지 못한다는 것을 명확하게 확인할 수 있습니다.

동시에 두 개의 동작을 제어하려면, 무의식의 시스템을 빌려서 사용해야 합니다. 학습이 끝난 무의식의 시스템을 사용하면 두 가지 이상의 작업이 가능합니다.

훈련이 끝난 자전거 타기를 무의식을 통하여 하면, 의식은 음악을 듣는 것과 같은 다른 것을 할 수 있습니다.

무의식과 의식 중 상위 시스템은 존재하는가

상위 시스템이라는 것은 다른 쪽의 동작 여부를 결정할 수 있는 쪽을 의미합니다. 즉 다른 쪽의 동작을 중단시킬 수 있는 권한을 가진 쪽이 상위 시스템이 됩니다.

무의식과 의식 중 상위 시스템은 어느 쪽인가? 아니면 서로 동등한 권한의 시스템인지에 대한 논의입니다.

일반적으로 우리는 의식을 통하여 사고를 하기 때문에 의식이 상위 시스템이라고 생각하기 쉽습니다. 그러나 명백하게 무의식이 상위 시스템이며, 의식은 무의식으로부터 허가를 받아서 동작하게 됩니다.

무의식은 의식의 시스템을 갑자기 멈추어 세울 수도 있습니다.
공이 날아오는 위험한 순간을 예를 들어 봅시다. 이러한 위험한 순간이 되면 의식은 무의식에게 주도권을 빼앗기게 되며, 무의식적으로 방어적인 동작을 하게 됩니다. 눈을 감거나 몸을 숙이는 동작이 보통이며, 반사적으로 공을 잡기도 합니다.
다른 예로 뜨거운 물체를 만졌을 때도 무의식적으로 방어 동작을 하게 됩니다.

의식보다 무의식이 더 빠른 시스템이므로, 긴급 시 무의식에서 제어를 하는 것이 일반적으로 더 효율적인 것이 분명합니다.
위험한 상황에 대하여 무의식적인 방어 행동이 일반적으로 동일하다는 것도 재미있는 사실입니다. 무의식의 보편성은 여기에도 존재한다고 보아야겠습니다.

 권투 선수가 날아오는 상대의 주먹을 보고 눈을 감지 않는 것처럼 훈련을 통해서 보편적인 무의식의 동작을 막을 수도 있습니다. 그러나 일반적인 예는 아니며 특수하게 훈련된 무의식의 동작으로 보아야 할 겁니다.

 무의식은 의식의 동작을 일시적으로 중단시킬 수 있으나, 반대로 의식에서 무의식을 정지시키는 것은 불가하며, 감정 등 여러 가지 무의식의 결과에 대하여 직접적으로 영향력을 주는 것이 불가능합니다. 이것으로 의식이 무의식의 상위 시스템이 아니라는 것을 알 수 있습니다.

 정리하면, 무의식은 의식을 정지시킬 수 있는 상위 시스템입니다. 신체에 대한 방어 시스템이 무의식 속에 있으며, 무의식은 의식의 주도권을 긴급하게 **빼앗아** 올 수 있습니다.

무의식의 의식 제어 관련

 무의식에 의한 의식의 제어는 의식의 주도로 일어나지 않으며, 무의식의 영향으로 발생하게 됩니다. 무의식은 항상 동작하고 있는 시스템이며, 의식은 동작과 휴식을 반복하고 있습니다.

　의식의 동작을 멈추는 것은 무의식에서 의식의 기능을 중단시키는 것이 됩니다. 의식이 멈추고 무의식만 동작함으로써 우리는 의식을 통해서 어떠한 것을 인식할 수가 없습니다. 단지 의식을 잃었다는 것을 이후에 생각할 수가 있습니다.

　의식이 동작을 시작할 때는 우리가 수면에서 깨어날 때가 있으며, 아무런 의식이 없이 무의식적인 행동을 하다가 의식으로 돌아오기도 합니다. '멍 때린다'는 표현은 의식이 동작하고 있지 않은 상태를 말합니다. 이때의 행동을 기억하지 못하는 이유는 의식이 아닌 무의식 상태이기 때문입니다.

　의식이 동작을 시작하면, 잠시 멍한 상태가 된 느낌을 받습니다. 이것은 처음 컴퓨터를 켠 것과 비슷하게 스스로 현재에 대해서 확인하는 과정이며 초기화 및 동작을 위한 준비 시간이 됩니다. 몸의 감각 기관을 통하여 내가 있는 위치 등 주변 환경을 확인하는 것으로 의식은 시작이 됩니다.

무의식의 학습 방법

　무의식을 학습시키는 방법은 인공지능과 유사합니다.

반복에 의한 학습을 통하여 인공지능을 훈련시킨다는 것은 일반적으로 알고 있는 사실입니다. 여기서 중요한 점은 훈련을 시키기 위해서는 인공지능의 결과물을 성공과 실패로 구분하여 피드백을 주어야 합니다.

무의식이 인공지능과 유사하다면, 의식은 성공과 실패를 결정해 주는 역할을 합니다. 무의식의 결과에 대해 의식은 '성공'과 '실패'를 구분하며, 이 과정을 반복함으로 학습이 이루어집니다. 장기적으로 볼 때, 무의식은 의식이 원하는 동작을 하도록 학습하게 됩니다.

자전거 타는 것을 예를 들어보면, 성공적으로 자전거를 탈 수 있게 될 때까지 의식은 무의식을 훈련 시킵니다. 어떤 사람은 바퀴가 하나인 자전거를 탈 수 있도록 훈련하기도 하고, 일반적인 바퀴가 두 개인 자전거라도 묘기 수준으로 훈련을 하기도 합니다.

몸의 컨트롤 뿐 아니라 암산 능력도 의식이 아니라 무의식에 의한 것입니다. 일반인과 비교가 안 되는 암산 능력을 가진 사람은 의식을 사용하는 것이 아니라 무의식의 영역을 사용하고 있는 것입니다.

정리하면, 의식을 통해서 무의식의 영역에 필요한 여러 가지 기능을 학습시킬 수 있습니다.

의식에 의한 무의식의 학습 과정

처음에 어떠한 것을 배울 때는 의식에 의해서 학습을 하며, 이후에는 학습된 무의식 기능을 사용할 수가 있습니다. 이것이 중요한 이유는 의식은 하나의 동작 만을 할 수 있기 때문입니다.

동시에 하나의 업무만 처리 가능한 의식이기 때문에, 생각하면서 걸을 수는 없습니다. 이것은 생각하는 것과 걷는 두 개의 동작이 동시에 진행되어야 하기 때문입니다.

걸음을 처음 배울 때는, 걷는 것에 모든 의식을 집중해야 합니다. 의식으로 무의식을 훈련 시키는 중이기 때문에, 의식은 다른 것을 할 수가 없습니다.

걷는 훈련이 끝나면, 걷는 것은 무의식에서 동작을 시키고, 의식은 다른 것을 할 수도 있습니다. 위험한 지역일 경우 조심하기 위해 의식을 사용해서 걸음을 걷는 경우도 있습니다.

무의식의 영역을 사용해서 걷는다는 것이 이상한가요?
걸음을 배우고 나면 우린 무의식적으로 걸을 수 있습니다. 보폭을 어떻게 할지 다음 발을 어떻게 앞으로 향하게 할지 생각하지 않습니다. 즉 의식의 영역이 아니라 무의식의 영역을 사용하고 있습니다.

무의식 훈련의 개인 차이

스포츠 선수를 보면, 훈련되는 수준은 모두가 다르다는 것을 알 수 있습니다.

육체적인 근육의 강함도 스포츠에서는 중요한 요소이기 때문에 개인적인 재능이라고 표현이 가능합니다. 그러나 정밀한 컨트롤의 차이도 중요한 부분입니다.

정밀한 컨트롤이라는 개인의 차이는 어디서 오는 것일까요?

신체적인 능력의 차이도 될 수 있고, 관심사의 차이도 될 수가 있습니다. 훈련이 되어 있는 무의식의 차이도 중요한 부분일 겁니다.

분명하게 고려해야 할 것은 훈련이라는 개인의 노력입니다. 많은 스포츠의 천재들은 스스로 자신이 천재라는 것을 부정하는 것을 많이 봅니다.

골프 천재라 불린 타이거 우즈는 "나보다 연습을 더 많이 하면, 나보다 잘할 수 있다."라고 말했으며, 그 외에도 그 분야에서 특출한 업적을 보이는 사람의 특징은 많은 시간을 그곳에 투자한다는 것입니다. 그리고 그곳에 열정을 보인다는 것입니다.

노력하는 사람은 즐기는 사람을 이기지 못한다는 것은, 많은 시간과 열정을 끊임없이 쏟아 높은 경지에 이르기 위해서는 즐기는 것이 필요하다는 것으로 해석할 수 있습니다.

의식의 학습 관련

의식의 학습에 대해서도 생각해 보아야 합니다.

무의식은 의식에 의해서 놀라운 것을 보여 주는 많은 것을 학습할 수가 있습니다. 그럼 의식은 어떠한 학습이 가능할까?

의식의 학습은 지식과 연관이 있으며, 사고력도 포함이 됩니다.

일반적으로 학교에서 교육을 받는 것은 언어를 통하여 지식을 전달받고, 지식을 습득하게 된다. 이러한 지식은 의식의 영역을 넓히게 되며 강화시키게 됩니다.

논리적이며 사고력이 강화가 됩니다.

무의식의 학습 관련

창의력은 무의식과 관련이 있습니다.

창의력은 언어를 통한 논리적인 것이 아닙니다. 그냥 문득 떠오른 어떠한 영감이라고 말할 수도 있습니다.

처음 보는 문제를 보았을 때, 그것을 풀어내는 것은 의식의 영역인

논리적인 것이 될 수도 있고, 창의력이 필요한 무의식의 영역일 수도 있습니다.

학습의 차이가 더 큰 쪽은 의식이 아니라, 무의식이라고 봅니다. 의식의 영역보다 창의력과 관계된 무의식이 더 개인의 차이가 클 수밖에 없습니다.

정보 교환이 폐쇄적에서 공개적으로 되어 가는 현재에는 창의력이 더 중요해지게 됩니다.

인간은 두뇌를 100% 사용할 수 있을까

의식의 영역이 아니라 무의식의 영역을 완벽하게 극한까지 훈련하는 것은 불가능합니다. 무의식은 학습하는 것이기 때문에 100% 학습이 끝났다는 것은 있을 수가 없습니다. 즉 인간은 두뇌를 100% 사용할 수가 없습니다.

이것은 인간의 수명의 한계를 가지는 것도 원인이 될 수 있습니다.

모든 것이 훈련이 가능한 시스템이 거대한 것은 당연합니다. 의식은 컨트롤을 위한 작은 시스템이며, 무의식은 한계를 알 수 없는 거대한 시스템입니다.

모든 것이 학습이 가능한 뇌를 완전히 사용하는 것은 불가능한 것이 당연합니다. 새로운 것을 배울 때마다 관련된 새로운 학습을 시작하게 됩니다.

최적의 결과가 나올 때까지 학습이 가능한 것이 인간의 무의식이며, 우리가 만든 인공지능보다 학습 능력이 훨씬 뛰어납니다.

의식의 역할 또한 중요합니다.

논리적으로 성공과 실패를 최종 결정하는 의식이 있어야 무의식은 학습이 가능합니다. 이 두 개의 시스템은 서로 연관되어 동작을 하며 우리의 생각을 만들어나가고 있습니다.

무의식의 학습 동기

의식으로 무의식을 학습시키려면, '순수하고 강한 의지'가 필요합니다. 무엇인가를 강렬하게 원하면, 원하는 것을 얻기 위한 방향으로 무의식은 학습이 되어집니다.

적당히 하고자 하는 사람은 무의식의 훈련 또한 적당하게 이루어집니다. 이미 만족했기 때문에 더 이상 무의식에서 학습이 이루어지지 않습니다. 만족했다는 것을 의식에서 무의식으로 알려주게 됩니다.

하지만 더 뛰어나기 위해서 현재에 만족하지 않고, 계속 훈련하는 사람만이 계속해서 무의식을 훈련을 시킬 수 있습니다. 더 성장하려는 '순수한 마음'이 있어야 무의식을 더 높은 경지로 훈련 시킬 수 있습니다. 이를 누구나 알고 있지만, 순수하지 못해서 무의식의 훈련을 빠르게 하지 못하고 있습니다.

  보다 높은 수준을 바라면 무의식은 계속해서 훈련이 되고, 만족하는 순간 무의식의 훈련은 멈추게 되는 겁니다. 순수하지 못한 의식의 결과도 무의식에 반영이 되기 때문에 훈련되는 것이 달라 질수 있습니다.

  성공한 사람의 공통된 특징은 오래전부터 최고가 되는 것을 '순수하게 열망해왔다'는 것입니다. 우리는 성공한 이후에 그 사람에게 관심을 가지기 때문에 이전부터 그렇게 해왔다는 것을 확인하기 어렵습니다.

  인간의 현재는 의식이 결정해온 지금의 무의식에 강한 영향을 받게 되는 겁니다. 자신이 원하는 미래의 모습은 스스로 지금도 만들어 가고 있는 것이 됩니다.

  팝의 제왕 마이클 잭슨의 모습을 확인해보면, 그가 매우 순수한 사람이었다는 것을 확인할 수가 있습니다. 우리가 가지고 있는 그의 잘못된 이미지는 시기하는 사람들이 만들어낸 허상일 뿐입니다.

  마이클 잭슨은 "현재의 모든 것을 그대로 가지고 과거로 간다면 무엇을 하겠냐?"고 물었을 때, "연습"이라고 답을 할 정도로 더 성장하려는 열망을 가지고 있었습니다.

이미 최고인데, 더 오르고 싶어 하는 그의 마음이 그를 최고로 만들었습니다. 그 외에 많은 뛰어난 사람들은 공통적으로 다른 사람보다 노력을 아끼지 않았다는 것을 알 수 있습니다.

일반인과 다른 높은 수준의 무엇인가를 이룬 사람들의 특징은 그 분야에 대한 생각과 열망이 다릅니다. 이것은 누구나 알고 있는 사실입니다.
"열심히 한다."라고 말로 하지만, 진정으로 열정을 가지는 사람이 더 성장하게 됩니다. 노력한 시간뿐 아니라 마음가짐 또한 무의식 훈련의 중요한 점이 됩니다.

불교에서 말하는 '집착을 버려라'라는 것은 '순수해라'라는 것과 동일하게 볼 수 있으며, 다른 종교에서도 순수함을 강조합니다.
인간에게 이런 것들이 이미 있다는 설명을 이해시킬 수 없을 겁니다. 이제야 인공지능을 알게 되어서 이해할 수 있게 되었습니다.

신이 존재한다면, 신은 인간에게 이미 '학습 능력'이라는 선물을 주었습니다. 인간 스스로가 모르고 있었을 뿐이었습니다. 바라는 것을 이룰 수 있는 시스템을 우리는 이미 가지고 있었으나, 활용을 잘하지 못하고 있을 뿐입니다.

무의식에 대한 해석

· 종교적 해석

신께서 인간에게 이미 '학습 능력'이라는 무의식을 선물로 주었으며, 이것은 스스로의 강렬한 소망을 가져야 더 강하게 학습을 합니다.

신께서 인간에게 이것을 설명하기 위해서 어떻게 해야 할까요?

'소망'하라, '기도'하라 이렇게 설명을 했습니다.

과거의 인간에게 인공지능의 동작 원리를 자세하게 설명해 주며, 무의식의 동작 원리를 설명해 줄 수가 없습니다. 쉽게 설명하기 위해서, 최종적인 답안만 설명해 준 것입니다.

· 진화론적 해석

인간은 환경에 적응하기 위해서, 하드웨어적인 것뿐 아니라 소프트웨어적인 부분도 변화시킵니다. 이것은 의식에서만 일어나는 것이 아니라, '무의식'에서도 일어나게 됩니다.

인간이 쌓아온 지식들은 의식에 큰 영향을 주며, 문화는 무의식에 큰 영향을 주고 있습니다. 인간 사회의 많은 것들은 무의식적으로 전달이 되어 오고 있습니다.

의식의 변화보다 무의식의 변화가 인간에게는 더 큰 부분이 될 수도 있습니다.

무의식의 한계 (의식의 필요성)

무의식은 선도 악도 아니며, 엉뚱한 결과가 나올 수도 있습니다.

무의식은 이러한 많은 결과물들을 의식으로 보냅니다.

많은 욕구 등은 무의식의 결과이며, 이것을 의식으로 제어하며, 무의식을 훈련 시켜야 합니다. 이것이 의식에 의해서 제어가 필요한 이유입니다. 어디로 튈지 모르는 무의식의 엉뚱한 결과들을 걸러내는 작업을 의식이 해야 합니다.

선과 악은 의식에 의해서 결정되어 행동하게 되어야 한다는 것을 의미합니다.

의식과 무의식은 분리된 것이 아니라 상호 보완 관계이며, 아이디어를 내는 것은 무의식이고, 논리적으로 검증하는 것은 의식이 됩니다.

무의식은 창의성의 근원

무의식이 창의력을 담당함으로, 무의식의 결과물을 의식으로 많이 가져올 수 있는 사람이 창의력이 높아집니다.

인간의 능력 차이를 의식에 의해서 많이 정의하려고 했으나, 무의식의 영역이 더 중요한 시기가 되었습니다.

과거에는 지식의 영역에 의해서 큰 차이를 보였으나, 이제는 창의성이 더욱 중요한 시기로 가고 있습니다.

우리 교육은 의식을 발달시키는 것에 집중되어 있습니다.
반대로 창의력의 기반인 무의식을 약화시키는 교육이 많습니다.
정해져 있는 시간 안에 논리적인 답을 빨리 찾기 위한 것은 의식의 영역에 더 가깝습니다.
물론 수학을 빨리 풀기 위해서 무의식의 엄청난 처리 속도를 이용할 수 있으나, 의식의 보조 장치일 뿐이며, 무의식의 뛰어난 창의성을 사용하는 것은 아닙니다.

어떤 교육이 옳다는 것은 결론을 내리기 어렵습니다. 많은 지식은 무의식에도 영향을 주며 창의력도 강화시킬 수 있습니다. 의식과 무의식 양쪽 모두 균형을 가지게 성장하는 방법이 고려되어야 할 것 같습니다.

"무의식을 죽이는 것은 창의성을 죽이는 것입니다."
무의식을 잘 사용해야, 아이디어가 나오고, 심지어 사람의 몸을 컨트롤하는 것도 무의식의 영역이라는 사실이 재미가 있습니다.

반대로 무의식을 압박해야 할 때도 있습니다. 위험한 일을 할 때, 무의식에 지배당하면, 위험할 수 있습니다. 이럴 때는 의식의 제어가 강하게 필요하며, 사고를 예방에 필수적인 것이 될 수 있습니다.

무의식은 욕망의 근원

인간의 욕망은 심리적인 욕구와 신체적인 욕구로 구분할 수 있을 것입니다.

심리적인 욕구는 인정받고 싶은 마음, 성취욕 등 여러 가지가 있습니다. 신체적인 것은 몸에서 어떠한 필요를 감지하여 신체를 유지하는 동작이 될 수 있습니다. 예를 들면, 몸에 수분이 부족해지면, 물을 마시고 싶은 욕구가 생기게 됩니다.

심리적인 욕구 중 많은 것은 의식에 의해서 제어가 필요합니다. 부자가 되고 싶은 욕구를 정상적인 방법으로 이루어 나가야 하기 때문입니다.

무의식과 의식의 일치

좋아하는 색을 생각했을 때, 좋아하는 색에 대한 근거를 언어로 설명할 수 있다면, 의식에 의한 결정이며, 설명할 수 없다면, 무의식에 의한 결정이라고 언급했습니다.
무의식과 의식이 같은 결론을 가지게 되면, 무의식과 의식이 일치된 것입니다.

무의식과 의식은 상호 독립적인가

무의식과 의식은 정보의 교환이 가능하며, 서로 영향을 주고받습니다.

무의식과 의식은 정보가 이동이 가능하도록 연결되어 있으며, 의식은 무의식의 결과물을 사용합니다. 무의식 또한 의식에서 받아들인 정보를 사용합니다.

한 번 더 생각한 후 행동을 하게 되면, 의식의 영향력이 더 강한 행동을 할 수 있게 되고, 이것은 무의식을 학습시켜서 다음 무의식의 결과에 영향을 주게 됩니다. 무의식 또한 한 번의 학습 과정이 추가되었기 때문입니다.

무의식의 시스템이 빠름으로, 빨리 결정을 하게 되면 무의식의 결과를 수용할 가능성이 커지게 됩니다.

언어를 사용하여 천천히 결정하여, 의식의 영향력이 더 커질 수 있도록 해야 합니다.

처리 속도가 다른 시스템 간 정보 교환

무의식과 의식의 처리 속도가 다르기 때문에, 상호 간 정보 교환을 어떻게 처리하는 것이 효율적인가에 대해서 이야기하기 전에, 인간이 만든 시스템에서 어떻게 처리하는지 먼저 설명하고자 합니다.

빠른 속도의 시스템에서 처리된 정보를 느린 시스템으로 아무런 준비 없이 보내게 되면, 느린 시스템에서는 빠른 정보를 처리하지 못하는 현상이 발생하게 됩니다.

이것을 막기 위해서 보통 중간 단계를 만들어 처리하며, 시나리오는 아래와 같습니다.

> 1. 빠른 시스템에서 정보를 보낸다.
> 2. 정보를 중간 단계에 저장한다.
> 3. 느린 시스템에서 정보의 전달을 인식한다.
> 4. 느린 시스템에서 중간 단계에 있는 정보를 가져간다.

중간 단계라는 것은 느린 시스템의 영역이나 처리 속도의 차이를 대비하기 위해서 보관하는 역할을 하게 됩니다.

정리하면, 서로 다른 속도를 가지는 시스템에서 속도 차이로 생기는 문제를 해결하기 위해서 중간 단계를 만들 필요가 있습니다.

빠른 시스템에서 느린 시스템에 맞추어서 정보를 보내는 방법도 있지만, 이것은 빠른 시스템에 많은 부하를 발생시킬 수 있습니다.

무의식과 의식의 상호 정보 전달

무의식의 결과물인 아이디어가 의식으로 전달되는데, 이것을 잘 기억하지 못하는 이유는 무엇일까요?

무의식과 의식은 동작의 속도가 차이가 나는 시스템이며, 처리 속도의 차이 때문에 무의식의 정보를 의식으로 가져오기 위해서는 시간이 필요합니다.
의식으로 가져오지 못한 정보는 무의식의 영역에 있기 때문에 의식에서는 사용하지 못합니다. 즉 완전하게 의식의 영역으로 들어오지 않은 아이디어나 생각은 기억하지 못하게 됩니다.

완전히 의식의 영역에 들어오게 하려면, 언어를 사용하면 됩니다. 물론 메모를 하는 것이 더 좋은 방법입니다. 말을 하게 되면, 기억력이 올라가는 이유는 무의식에서 의식으로 완전하게 정보가 이동한 것이 확실하기 때문입니다.

정리하면, 갑자기 떠오른 아이디어는 무의식의 결과물이며, 의식의 영역으로 인식하기 전의 상태입니다. 이것을 완전하게 의식의 영역으로 이동시키지 않으면, 의식에서는 기억하지 못할 수도 있습니다.

무의식과 의식 간의 정보 전달 (상세)

순간 떠오른 아이디어를 의식의 영역으로 가져와야 이 아이디어를 사용하거나 기억을 할 수가 있게 됩니다. 무의식의 정보를 의식에서 사용하는 언어로 풀게 되면 많은 시간이 필요합니다.

무의식과 의식은 정보를 다루는 형태가 다를 수도 있습니다. 무의식은 언어를 기반으로 하지 않고, 의식은 언어를 기반으로 하기 때문입니다.

우리가 결정한 상당한 많은 것들은 무의식의 결과입니다. 그래서 우리는 이런 결정의 인과관계를 모르며, 결과 만을 의식으로 가져와서 사용하게 됩니다. 언어를 통하여 결정의 이유를 정리하게 되면, 의식의 영역에서 재검토를 하는데 도움이 됩니다.

빠른 시스템인 무의식의 정보를 처리 속도가 느리면서 동시 작업이 불가능한 의식에서 무리 없이 처리하는 것은 불가능합니다. 순간 떠오른 아이디어가 생각나지 않는 원인이 되며, 이것을 해결하기 위해서는 언어를 사용하거나 메모를 하는 의식에 의한 제어가 필요합니다.

무의식에서는 아이디어가 있다는 것을 알리면 의식에서 무의식의 정보를 언어로 해석하여 의식의 영역으로 가져와야 합니다.
임시적인 무의식의 영역에 있던 것은 시간이 지나면 의식에서는 기억할 수가 없습니다. 우리가 무슨 아이디어가 있었다는 것만 기억하는 이유가 됩니다.

의식에서 무의식에 정보를 보내기

의식의 영역에서는 정보를 보낼 뿐이며, 무의식의 영역에서 어떻게 정보를 받는지 우리는 인식할 수 없기 때문에, 우리는 이것을 의식의 영역에서는 확인할 수가 없습니다. 단지 의식의 정보가 무의식으로 전달된다는 것만 무의식의 결과를 통해서 확인할 수 있습니다.

시스템적으로는 의식의 정보를 무의식으로 보낼 때는 특별한 중간단계가 꼭 필요하지는 않습니다. 무의식은 멀티태스킹이 가능한 시스템이며, 빠른 처리 속도를 가지기 때문입니다.

인간의 성향의 변화

인간의 성향이 잘 변하지 않는 이유는 의식의 변화가 어렵고 의식에 의해서 이미 학습된 많은 것들이 무의식에 존재하기 때문입니다. 자신의 성향을 변화시키고 싶다면, 자신이 원하는 방향으로 이성을 통해서 무의식을 학습을 시켜야 합니다.

의식과 무의식이라는 두 개의 시스템이 서로 영향을 주나, 결국은 의식이 원하는 방향으로 조금씩 변화하는 것이 됩니다.

이미 많은 시간을 거쳐 형성된 무의식이기 때문에. 한 번에 바뀌지 않는 것은 당연하며 현재보다 조금 더 의식이 원하는 방향으로 무의식을 변화시켜야 합니다.

우리는 우리가 모르는 많은 판단 기준을 가지고 있습니다. 말로 표현하지 못하는 모든 것은 무의식의 영역에서 판단하며, 이것은 의식에서 결과를 받아서 사용할 뿐입니다.

현재 무의식의 모습은 과거 학습의 결과이며, 미래의 무의식은 계속 학습되면서 변하고 있습니다.

의식의 변화

무의식뿐 아니라 의식도 변화를 합니다. 경험이나 교육 등을 통하여 가치관이 변하는 경우가 있는데 이러한 변화가 의식에도 영향을 끼칩니다. 물론 지식에 의한 의식의 변화도 있지만, 가치관의 변화가 의식에서 중요한 부분인 것입니다.

의식이 변화를 위해서는 스스로 고민하는 과정이 필요합니다. 자신의 가치관을 결정하는 것은 감성이 아닌 언어에 의한 고차원적인 사고가 됩니다. 많은 철학자나 사상가들이 이런 과정을 통해서 자신의 철학이나 사상을 만들고 주장하게 됩니다.

자신의 가치관을 바꾸기 위해서는 스스로 고민하는 과정뿐 아니라 실행하려는 강력한 의지를 가져야 합니다.
옳다는 것을 알고 있지만 그것을 실행하지 못하는 상황이 더 많습니다. 현실적인 제약과 그것을 했을 때 돌아오는 불이익을 고려하기 때문입니다. 이것을 뛰어넘은 사람을 선각자나 성인이라고 부르는 이유가 될 것입니다.

자유 의지가 존재하는가

일부 학자들은 인간의 두뇌의 물질적인 영역에서 활동일 뿐이며, 자유 의지는 존재하지 않는다는 입장입니다.
무의식의 영역만 생각하면 자유 의지가 없다고 생각할 수 있으나, 의식의 영역까지 고려하면 어떻게 될까요? 인간의 자유 의지는 무의식이 아니라 의식에서 찾아야 할 것입니다.

자유 의지는 스스로 행동과 결정을 할 수 있는 힘을 말합니다.
무의식의 활동에 직접적으로 영향을 줄 수는 없으나, 의식에 의해서 스스로 결정하고 행동을 할 수 있습니다.

즉 의식의 영역에서 보면 인간의 자유 의지는 존재하게 됩니다.

물론 의식 또한 무의식의 영향을 받기 때문에 완전하게 자유롭지 못하나, 최종적인 결정은 의식에 의해서 결정이 되기 때문에 "자유 의지는 있다."라고 결론을 낼 수도 있습니다.

플라시보 효과

플라시보 효과는 가짜 약을 진짜 약으로 속이고 복용하면 효과가 발생한다는 것을 의미하며, 많은 학자들에 의해서 사실로 입증이 되었습니다.

즉 물리적이나 화학적인 효과가 아니라 인간 심리적인 변화가 우리에게 영향을 미치는 것입니다.

의식은 가짜 약인지 모르고, 기대되는 어떠한 효과가 있을 것으로 무의식에 영향을 주게 되면, 실제로 그러한 효과가 나타나는 것으로 보입니다.

의식에는 신체를 변화시킬 어떠한 작용이 없다고 보기 때문에 플라시보 효과는 무의식의 결과로 해석할 수 있습니다. 무의식을 사용하면, 풀리지 않았던 많은 것이 이해될 수 있습니다.

스포츠 역사에서, 특정 기록은 불가능하다고 생각하여 깨지지 못하다가, 기록이 깨지기 시작하면 연속적으로 기록이 깨지는 현상이 있습니다. 이것은 심리적으로 가능하다고 생각을 해야 할 수 있다는 의미도 됩니다.

인간에 대해서 이해하지 못하는 현상과 행동들은 무의식과 의식의 관계를 이용하면 좀 더 이해가 가능합니다. 의식에만 집중하였기 때문에 합리적인 설명이 안 되고 있었습니다.

무의식 활동의 위축

긴장하여 의식을 강하게 사용하면, 무의식이 위축됩니다.

우리의 몸은 의식 또는 무의식으로 제어가 됩니다. 일반적으로 학습을 할 시기에는 의식의 제어가 강하고, 학습이 끝나면 무의식의 제어가 강하게 됩니다.

의식을 강하게 하면, 몸의 제어 또한 의식으로 하기 때문에 무의식이 위축되게 됩니다.

의식으로 아무것도 하지 않으면, 무의식의 영역이 더 활성화되며, 무의식으로부터 더 많은 정보를 가져올 수 있게 됩니다. 창의적인 생각을 많이 하는 방법이 여기에 있습니다.

물론 위험한 상황에서는 의식을 강하게 사용해서 무의식의 제한 하는 것 또한 필요합니다.

뛰어난 사람이란

모든 것을 잘하는 사람이면 최고이겠지만, 어떠한 사람이 뛰어난 사람일까요?

공개된 정보가 많지 않고 검색이 쉽지 않은 과거에는 많은 지식을 가진 사람을 뛰어난 사람이라고 평가하는 경향이 강했습니다.
과거에도 지금까지 없는 새로운 무엇을 만들어내는 창의력이 있는 사람이 좋은 평가를 받았으나, 지식의 차이를 극복하기는 쉽지 않았습니다.
지금은 많은 정보가 공개되어 있고, 검색이 쉬운 세상이 되었음으로, 당연히 단순한 지식이 아니라 사고력, 창의력을 중시하는 경향이 강합니다.

교육과 무의식

의식을 통해서 무의식의 거대하고 빠른 시스템을 많이 사용할수록 뛰어난 사람이 될 수 있습니다.

능력의 차이는 의식보다 무의식의 차이인 경우가 더 많습니다.
언어로 표현하지 못하는 모든 것은 무의식의 영역이라고 볼 때, 모든 스포츠는 무의식 영역에서 차이가 나오게 됩니다. 대부분의 스포츠 선수들은 의식으로 몸을 컨트롤 하는 것이 아니라 무의식적으로 합니다.
우리 교육은 의식의 영역에 많이 치우쳐 있습니다.
문제를 읽고, 빠른 시간에 문제는 푸는 것은 의식의 영역을 더 많이 사용하게 될 것입니다.
창의력은 무의식의 결과이며, 교육의 방향 또한 무의식의 영역을 더 많이 사용하는 방향으로 고민을 해야 합니다. 인간의 무의식 영역을 얼마나 사용하는지가 더 중요한 이유는 무의식이 더 거대하고 빠른 시스템이기 때문입니다.
비정상적인 계산 능력을 가진 사람은 의식으로 하는 것이 아니라, 무의식의 영역을 사용합니다. 그래서 어떻게 하는지 스스로 설명을 할 수가 없습니다.
의식에서는 문제를 무의식으로 보내고, 결과 값을 무의식으로부터 받게 됩니다.

머리가 좋다는 표현은 의식의 영역보다 무의식의 영역의 차이가 더 크게 됩니다.
창의력은 의식의 영역이 아니라, 무의식의 영역입니다. 무의식의 영역을 얼마나 사용하는지에 따라 사람의 창의력이 달라지게 됩니다.

최고로 집중된 상태

컴퓨터 게임에서 최고의 컨트롤을 보여 주는 순간은 의식이 하는 것이 아닙니다. '무아지경'이라고 표현을 하기도 하며, 무의식의 영역에서 컨트롤을 하고 있는 것입니다.

무의식에서 의식으로 전환되면, 의식에서는 잠시 무엇을 하고 있었는지도 모르는 멍한 상태가 됩니다. 명확하게 의식이 아닌 무의식의 동작이라는 증거가 됩니다.

사람마다 무의식을 성장시키는 것이 그 사람의 현재의 역량이 되며, 의식은 무의식을 성장시키는 힘을 가지고 있습니다. 모든 사람이 게임에서 무의식적인 컨트롤을 보여 주지 않습니다. 이것은 무의식 영역의 훈련이 일정 수준 이상 된 사람만이 가능합니다. 다른 표현으로 최고로 집중력이 발휘되고 있는 상태라고 할 수 있습니다.

최고로 집중된 상태에서 자신이 무엇을 하고 있었는지도 기억하지 못한다면, 무의식의 영역에서 무엇인가 진행이 된 것이라고 해석이 가능합니다.

유전자가 모든 것을 결정하는가

유전자가 완전하게 동일한 일란성 쌍둥이를 살펴보면 "유전자만으로 결정되지 않는다."라는 결론을 낼 수밖에 없습니다.

일란성 쌍둥이가 서로 다를 수 있는 것은 학습된 무의식과 의식이 다르기 때문입니다. 육체적인 것은 동일해도 정신적인 것은 다를 수밖에 없습니다. 먼저와 나중이라는 가족 간의 서열 또한 영향을 주게 되며, 이러한 차이들은 각각 다른 인간으로 성장하게 됩니다.

일란성 쌍둥이를 구분하지 못한다고 영화에서 많이 나오는데, 저의 경험으로는 금방 구분할 수 있었습니다.

대학교를 다닐 때, 어린 학생 대상의 과학 실험 강사를 한 적이 있습니다. 당시 일란성 쌍둥이 자매가 있었는데, 처음에는 구분이 쉽지 않아 당황했으나, 조금 시간이 지나자 구분이 가능했습니다. 더 어른스러운 느낌을 가진 아이가 언니였습니다. 즉 가족이 아니라 일주에 2시간 정도 보는 사람도 금방 구분을 할 수가 있었습니다.

일란성 쌍둥이는 하드웨어적으로 동일한 유전자를 가지고 있습니다. 그러나 학습되는 부분이 다르기 때문에 독립된 다른 인간으로 성장하게 됩니다.

동일 하드웨어라도 다른 소프트웨어가 들어가면 다른 제품이 되는 것에 비유할 수 있습니다.

영혼의 존재

영혼의 존재에 대해서 답변은 불가능합니다.
종교적인 문제가 아니라 과학적 영역에서는 어떠한 명확한 답변을 할 수가 없습니다.

인간의 정신이라는 것은 유전적인 물질로 결정이 되어지는 것이 아니라 계속 변화하는 소프트웨어적인 변화를 가지는 형태라고 조심스럽게 추측해 봅니다.

성선설, 성악설에 대하여

어린아이는 선도 악도 아닌데, 어른의 기준으로 판단한 이론입니다. 막 태어난 아이의 선과 악의 구분의 무의미한 것입니다.
앞으로 선에 가까운 사람이 될 수도, 악인이 될 수도 있으나, 성장 과정과 교육이 중요한 역할을 하게 될 것입니다.
의식에 의해서 어떤 사람이 되고 싶다는 소망에 따라 무의식을 변화시키며 자신이 원하는 사람이 될 것입니다.

최면술 관련

최면술을 사용하면, 우리가 의식으로 보지 못하고 무의식적으로 보았던 기억을 가져올 수 있지 않을까 하고 동작 원리를 추측해 봅니다.

의식으로 기억하지 못하는 상태이기 때문에, 무의식에 어떠한 영향을 주는 것이 최면술이라고 해석이 가능합니다.

도덕적인 차이

도덕의 차이는 개인 간의 의식에서 원하는 도덕적인 차이와 의식과 무의식의 갈등에서 오는 차이가 있습니다.

개인마다 자신이 원하는 도덕적인 면이 다르며, 이것은 개인 간의 의식에서 원하는 도덕의 차이가 됩니다.

도덕적인 면도 의식의 결정에 의하여 무의식을 훈련 시키게 되며, 의식이 원하는 수준으로 무의식이 훈련이 되지 않았기 때문에 여기에도 차이가 발생합니다.

의식과 무의식의 일치

도덕적인 관점에서 볼 때, 무의식과 의식이 일치되는 것이 마지막 단계라고 볼 수 있습니다. 물론 건전한 의식을 가지고 있다는 전제가 필요합니다.

자신의 도덕성에 대하여 고민을 하게 되면, 일반적으로 공공의 선에 맞는 도덕성을 원하게 되며, 의식은 결국 건전하게 발전할 수밖에 없습니다. 이것은 인간이 가진 공통성의 한 부분이라고 생각합니다.
예외가 되는 경우는 소수의 지능적인 범죄자가 될 것입니다.

공공의 선에 맞는 도덕성을 원하게 된다는 점을 보면, 성선설에 가까운 요소를 가지고 있다고 표현할 수도 있으나, 논리적으로 공공의 선이 더 유리한 방향이라고 진화론으로 설명할 수도 있을 겁니다.

미워하는 원인을 찾지 못하는 이유

미워한다는 감정을 무의식으로부터 전달을 받았으나, 그것에 대한 원인은 의식에서 고민해 본 적이 없으면, 미워하는 이유를 모르게 됩니다.

특정인을 미워하나 이유를 모르는 상황은 누구나 가지고 있습니다.

이것은 미워하는 감정만 의식의 영역에 있기 때문입니다.

특정인을 미워해야 한다는 타인(부모 등)으로부터 의식적인 학습이 무의식을 그렇게 훈련 시킨 것이 원인이 될 수도 있습니다.

무의식은 훈련 시키는 대로 결과를 만들어내는 시스템이기 때문에 이성적인 근거가 필요 없습니다. 그렇게 훈련이 되었을 수도 있습니다.

의식에 의한 무의식의 반복되는 훈련의 무서운 점은 무의식의 결과가 다시 의식으로 되돌아오는 것입니다. 세뇌를 생각하시면 됩니다.
"이것이 세상이 혼란한 원인 중 하나이며, 즉 인간 사고의 비논리성입니다."

논리적인 면을 더 키우는 사람으로 성장할지, 비논리적인 것에 종속되어 살아갈지는 개인의 선택입니다.
인디언 속담에서, 선과 악은 자신이 어디에 더 많은 먹이를 주는지에 결정이 된다고 합니다. 즉 자신이 한쪽을 더 키워나가고 있는 중입니다.

세뇌

세뇌는 가지고 있던 생각을 변경하여 다른 생각을 따르도록 주입하는 일이라 표현할 수 있습니다.

세뇌를 시키는 방법은 정보가 통제된 상황에서 고민할 여유를 주지 않고, 특정한 생각이 좋다는 것을 인지시키기 위해서 당근을 제시하게 됩니다.

여유를 주지 않는 것은 무의식 영역의 훈련을 위한 것이며, 당근이 주어지는 것은 그것이 옳다는 것을 결과로 인식시키기 위한 것입니다. 이것이 반복되면 인간의 무의식은 특정한 생각이 좋다는 학습을 반복하여 무의식의 영역에 변화가 생기게 됩니다.

이와 같이 무의식의 학습을 이용하면, 세뇌의 방법을 설명할 수가 있습니다.

감정 조절에 관하여

감정 조절은 잘하는 사람은 무의식 또한 그렇게 훈련이 되어있습니다. 동일한 상황에, 격하게 반응해야 할지, 그냥 실수로 넘어가면 되는 것인지 의식에 의해서 이미 학습이 되어있습니다.

감정 조절에서 개인 차이가 생기는 것은 의식에서 무의식을 그렇게 학습시키기 원하기 때문입니다.

무의식은 의식이 원하는 대로 학습이 되기 때문에, 현재의 무의식은 지금까지 의식이 작용한 결과입니다.

성숙한 인간은 최종 결정을 하는 이성이 발달하며, 반대의 경우는 무의식에 의해서 행동이 결정될 수밖에 없습니다.

무의식에 대한 학습의 요소

무의식을 감성이라고 표현하는 것은 극단적으로 일부만 보고 있는 것입니다.

논리적으로 생각해야 하는 컴퓨터 게임도 무의식을 훈련 시켜서 하고 있습니다. 즉 무의식은 우리가 훈련 시키고 싶은 거의 모든 것을 할 수가 있습니다.

현재의 모습은 무의식에 의해 많은 영향을 받으며, 미래의 모습은 의식이 결정하게 됩니다.

무의식을 훈련하기 위해서 필요한 것은 '인간의 의지'입니다. 인간의 의지는 언어로 표현이 가능한 의식의 영역이며, 무의식을 훈련 시킵니다.

어떤 것을 적당히 하고자 하는 사람은 무의식의 훈련 또한 적당하게 되어서 뛰어난 사람이 되지 못하게 됩니다.

만족했기 때문에 더 이상 무의식에서 학습이 이루어지지 않습니다.

자기만의 어떤 것을 잘하는 사람들은 공통적으로 철두철미하게 높은 수준의 결과를 원한다는 것은 이미 우리는 알고 있습니다. 이런 마음가짐이 스스로를 더 뛰어나게 만들게 됩니다.

더 뛰어나기 위해서 현재에 만족하지 않고 계속 노력하는 사람이 더욱 성장하여 뛰어난 기술을 가질 수 있습니다.

일반적으로 천재라고 불리는 운동선수들의 공통점은 "난 천재가 아니다."라고 말합니다. 이것은 스스로 그만큼 더 많은 훈련을 했다는 것을 스스로 알기 때문입니다.

무의식 훈련의 개인 차이

사람마다 무의식의 훈련 속도에 차이가 생기는 것을 확인할 명확한 근거가 없습니다. 하지만 어떤 것을 빨리 배우고 잘하는 사람들은 있습니다. 물론 이 사람들이 정확히 동일한 출발선에서 시작했다고 말하기는 어렵습니다.

그리고 동일하게 배우는 것을 시작했다고 가정을 하더라도, 배우려는 의지가 동일하다는 것을 평가할 방법은 없습니다.

이를 통해 의식에서 어떻게 무의식을 훈련을 시키는지의 차이가 크다는 것을 확실히 알 수 있습니다.

음악을 들을 때 무의식과 의식의 동시성

음악은 언어로 표현이 불가능한 부분이기 때문에 무의식의 영역에 더 가깝다고 볼 수 있습니다. 그래서 노래를 부르거나 듣는 과정은 의식과 무의식의 동시 작용이 일어나게 됩니다.

즐겁다 등의 감정은 당연하게 무의식의 영역이며, 감성적인 행위에는 무의식적인 부분을 많이 사용하게 됩니다.

음악을 듣고, '좋다'라는 공통적인 느낌이 있다는 것은 인간의 무의식에 공통된 점이 분명하게 있다는 증거가 될 것입니다. 개인적인 선호도가 있으나, 공통적인 면도 분명하게 존재합니다.

음악 프로그램에서 심사 위원이 무의식에 빠지게 되면, 음악에 대한 평가를 하지 못하게 됩니다. 의식에서는 아무것도 한 것이 없기 때문에, 평가를 말로 할 수가 없게 됩니다. "최고입니다."라는 무의식의 표현만 가능하게 됩니다.

정신병 환자의 구분 방법

정신병 환자는 다른 환자를 알아보는 경우가 있습니다.

일반 사람과 다른 부분을 무의식적으로 느끼기 때문입니다. 이것은 무의식의 영역이기 때문에 논리적인 말로 표현을 할 수가 없습니다.

연기를 하는 가짜 정신병 환자를 구분하는 것이 어렵다는 것을 보여주려고, 정신 병원에 잠입한 의사가 환자에게 구분을 당하는 일화는 유명합니다.

"당신은 정상인데 여기에 왜 오셨소."라는 말을 정신 병원의 환자에게 듣게 됩니다.

정신과 의사는 근거를 가지고, 언어를 통하여 환자를 정의하려고 하기 때문에 구분이 어려우나, 환자들은 무의식적인 차이로 구분을 하는 경우가 됩니다.

모든 것을 의식의 영역으로 가져오면 위험할 수도 있는 이유도 됩니다. 언어의 한계에 대해서는 많은 철학자들이 논의해 왔으며, 언어로 표현하는 순간 일부 정보는 사라지거나 왜곡될 수도 있습니다.

유사하게, "천재는 천재를 알아본다."와 같은 많은 말들이 있습니다.

인간 무의식의 학습 능력

인간이 만든 인공지능은 필요에 따라서 특정 기능을 수행하도록 만들어지고 있습니다. 인간의 무의식은 의식에서 결과를 정해주게 되어있으므로 외부의 도움이 없이 스스로 동작하게 됩니다.

이전까지 무의식의 학습 능력이라는 생각을 못 한 이유는 인공지능에 대한 이해가 없어서입니다. 즉 인공지능이 나온 이후에 인공지능 관련 이해를 가질 수 있기 때문에 이러한 생각을 할 수가 있게 되었습니다.

인간의 시스템 또한 인공지능처럼 학습을 한다는 것은 당연한 것이며, 너무나 많은 스스로의 증거를 가지고 있습니다.

성장을 하는 시스템은 인공지능 이전에 이미 우리 자신이었습니다.

우리는 스스로를 모르고 있었을 뿐, 인간이 만들고 이해한 인공지능에서 우리가 몰랐던 스스로의 모습을 발견할 수 있게 되었습니다.

여행의 목적은 타인을 보고 자신을 이해하려는 것과 같이 인공지능을 통해서 인간을 더 이해할 수 있게 되었습니다.

인간 두뇌의 초기 정보

인간이 만든 메모리는 초기 값이 '0' 또는 '1'로 모두 동일하게 설정이 되어 상품화되는 것이 보통입니다.

　인간의 무의식 또는 의식의 초기 데이터는 어떤 형태가 되는 가에 대한 고민입니다.

　우리가 확인이 가능한 시기는 어느 정도 언어를 배웠을 때이기 때문에 초기 값을 확인할 수가 없습니다. 예상이 가능한 두 가지의 경우를 생각할 수 있습니다.

> 하나, 인간이 만든 메모리처럼 어떠한 데이터도 존재하지 않는 상태.
> 둘, 이미 어떠한 데이터를 가지고 있는 상태.

　아름다움에 대한 공통적인 생각, 양심의 존재와 같이 설명할 수 없는 공통된 점을 가지고 있다는 것은 부정할 수 없습니다.
　아직도 설명하지 못하는 이런 복잡한 알고리즘들을 어떻게 모든 인간이 공통적으로 가지고 있는지 아직까지는 설명할 방법이 없어 보입니다.

　유전자에서 결정되거나, 성장하면서 저절로 만들어지는 것일 수도 있을 겁니다. 만약 둘 다 아니라면, 종교에서 말하는 영혼 같은 다른 해석을 해야 가능할 겁니다.
　무엇이 정답인지는 모르나, 아직 이해하지 못한 복잡한 알고리즘이 동일하게 존재한다는 것은 유전자에 의한 결정으로 보기 어려우며,

태어나서 몇 년 만에 저절로 만들어진다는 해석은 설득력이 없어 보입니다.

인공지능의 보안 방안

무의식은 매우 거대한 시스템이며, 의식은 최종 결정을 하는 작은 시스템입니다.

인간의 무의식은 많은 것을 빠르게 배우는 최상의 인공지능이며, 의식은 무의식의 오류를 제어하고 학습시키기 위한 것입니다.

무의식은 어떤 결과를 의식으로 보낼지 예측할 수가 없으며, 이 결과물은 의식에 의해 최종적으로 제어되어야 합니다.

의식은 논리적이나 창의성이 부족합니다. 의식과 무의식은 분리된 것이 아니라, 서로 영향을 주며 보완적인 관계입니다. 아이디어를 내는 것은 무의식이고, 논리적으로 검증하는 것은 의식입니다.

인공지능에서도 의식과 무의식 두 개의 시스템이 필요합니다. 인간이 만든 인공지능에서는 맞는지 아닌지를 스스로 결정하지 않고 외부의 입력을 받는 경우가 많습니다.

인간이 맞고 틀리다를 결정하는 의식과 훈련이 가능한 무의식으로 두 개의 시스템을 가지고 있듯이, 인공지능에도 인간의 의식과 같이 결과를 판정할 시스템이 필요합니다.

논리적으로 판단이 가능해야 하며, 더 나은 결과를 위해서 훈련도 가능해야 하기 때문에, 당연하게 두 개의 시스템이 필요합니다.

바둑에서의 무의식

인간이 바둑을 둘 때 무의식을 사용하고 있습니다.

프로 바둑 기사들은 '감각'이라는 말을 사용합니다.

감각이라는 것은 정확하게 이론적으로 계산을 하는 것이 아니라, 최선이라고 느껴지는 곳입니다. 이런 감각의 수는 이론으로 계산되는 것이 아니라, "이곳이 좋아 보인다."라고 느껴지는 것이며, 의식이 아니라 무의식의 영역에서 결정된 것입니다.

감각으로 떠오른 수는 의식에 의해서 다시 검토되어야 합니다. 느낌으로는 좋은 수였으나, 의식에 의해서 검토되지 않으면, 실제는 나쁜 수가 될 수도 있습니다.

바둑의 인공지능에서는 좋고 나쁨을 판단하는 인간의 이성과 같은 부분이 있습니다.

형세 판단이라고 보통 말하는데, 현세 판단은 백과 흑 각각의 예상되는 포인트 점수를 계산하게 됩니다. 이 형세 판단을 기준으로 최고 좋은 수를 찾게 됩니다.

바둑의 인공지능처럼 인공지능의 중요한 요소는 판단을 결정하는 이성의 영역이 될 수 있습니다.

형세 판단을 하는 방법이 없다면, 알파고 또한 스스로 학습할 수가 없습니다.

카드의 위치를 기억하는 방법

카드를 모두 뒤집어서 순서대로 두 장의 카드를 확인하며 같은 카드를 찾는 게임에서 어린아이들은 한번 확인한 카드의 위치를 기억하기 위해서, 좌표가 아닌 이미지의 기억 방법을 사용하기도 합니다.

카드의 위치를 기억하는 방법은 두 가지가 있습니다. 좌표에 의한 기억 방법과 이미지에 의한 방법입니다. 좌표에 의한 방법은 의식을 사용하는 방법이고, 이미지에 의한 방법은 무의식을 사용하는 방법입니다.

좌표에 의한 방법이 의식과 관련이 있는 것은 언어를 통하여 설명과 기억이 가능하기 때문입니다.

이미지에 의한 방법은 언어로 표현이 불가능하기 때문에 무의식을 활용한 방법이 됩니다.

성인도 이미지에 의한 방식을 사용하지 않는 것은 아닙니다.
한국 드라마 '올인'의 실제 주인공인 도박사 차민수님은 인터뷰에서 자신은 한번 사용한 카드를 사진을 찍는 것과 같이 정확하게 기억한다고 언급을 했습니다.
이미지에 의한 방법을 사용하고 있는 것이며, 무의식중에 이미지 기억력을 잘 사용하는 분이라고 이야기할 수가 있습니다.

무의식은 이미지?

이미지를 인식하는 것은 언어를 통하여 이루어지기가 어렵습니다. 정형화된 도형과 좌표를 사용하면 언어를 통하여 이미지 표현이 가능하나 실제 자연계에는 이러한 직선적인 것은 거의 존재하지 않습니다.
일반적으로 풍경을 감상하는 것은 무의식의 동작이며, 여기서 느끼는 감상 또한 무의식의 결과입니다.

의식이 언어를 기반으로 동작한다면, 무의식은 이미지를 기반으로 동작한다고 추측해 봅니다. 언어의 기능이 약한 난독증인 사람들은 문자를 이미지처럼 해석합니다.

정보를 전달하려면 미리 정해둔 어떠한 형태의 규칙이 있어야 합니다. 무의식이 언어의 형태를 사용하지 않는다면 다른 어떠한 형태를 사용하는가 고민을 해보았는데, 이미지의 방법을 사용할 것 같습니다.

인간과 동물이 공통적으로 사용할 수 있는 데이터 형식은 이미지가 있습니다.

선천적인 맹인들도 시각이 아닌 어떠한 이미지를 상상하여 사용하는 것은 가능할 겁니다.

직접 보지 않은 것을 상상하여 이미지를 만드는 것은 평범한 사람도 가능하며, 선천적인 맹인도 이러한 방법을 사용하는 것이 가능할 겁니다.

난독증

난독증은 말하거나 듣는 것에 특별한 어려움은 없으나 문자를 인지하는데 어려운 증상을 말합니다.

난독증을 가진 아이는 시간이 지나면서 난독증을 극복하는 경우가 있습니다.

난독증을 극복한 경우는 MRI 사진을 찍으면, 정상인과는 다른 부분의 뇌를 사용하는 것이 확인되었습니다. 이것은 언어를 담당하는 뇌의 역할이 부족해서 뇌의 다른 부분이 그 역할을 대신하게 되는 것으로 해석이 가능합니다.

난독증은 글을 읽을 때, 글씨를 그림을 보듯이 인지합니다.
언어는 의식의 영역이나 난독증인 사람들은 글씨를 이미지처럼 인식하며, 무의식의 영역을 사용하는 것이라고 해석할 수 있습니다.
난독증이 천재를 만든다는 학계의 주장도 있으며, 이것은 무의식의 사용과 관련이 있지 않을까 합니다.

난독증 이외에도 유사한 다른 증상이 있을 수도 있을듯합니다. 난독증은 증상이 나타나게 되어서 확인이 된 것입니다.

이미지 트레이닝 (상상훈련)

이미지 트레이닝은 특정 상황에 대해서 자신이 원하는 것을 생각하며, 이미지로 만들어서 올바른 기술 등을 습득하는 방법입니다.

이미지 트레이닝은 실제 몸을 움직이지 않더라도, 정교하게 몸을 움직이는 훈련이 가능하다는 증거가 되며, 스포츠 분야에서는 효과가 증명되어서 많은 사람들이 사용하고 있습니다.

이미지 트레이닝도 무의식과 의식을 적용하여 해석이 가능합니다. 스스로 원하는 모습은 의식에 의해서 무의식으로 전달되게 되며, 이렇게 전달된 모습대로 무의식은 자신이 만든 이미지를 통해서 훈련하게 됩니다. 이 과정을 통해서 더 많은 훈련의 결과가 무의식의 영역에 쌓이게 되며, 결과적으로 실력이 향상되게 됩니다.

소프트웨어를 개발할 때 저도 이미지 트레이닝과 유사한 방법을 사용합니다. 프로그램상에서 원하는 동작을 상상하고, 프로그램을 작성합니다. 특정 상황에서 작성된 프로그램이 어떤 결과가 발생할지에 대해서 각 이벤트에 따라 상상하여 예측하며, 수정을 거듭합니다.
음악이나 다른 예술 분야에서도 비슷한 방법을 사용할 것 같습니다.

의식이 언어를 사용한다면, 무의식은 이미지를 사용할 것이라는 증거로 이미지 트레이닝도 있습니다. 무의식의 언어이기 때문에 무의식을 동작시키는 것이 아닐까 추측해 봅니다.

범용 인공지능

운전, 바둑, 요리, 대화 등 특정 업무를 수행하는 인공지능이 아니라, 모든 것이 가능한 범용 인공지능에 대한 고민입니다.

서론에서 설명한 사진 속의 탁구공과 야구공을 구분하는 알고리즘을 유사한 경우에 대해서 스스로도 모르게 적용을 하고 있을 겁니다.

예를 들면, 사람이 작게 보이는 사진을 보면 주변의 물체들이 상대적으로 크다는 것을 인지합니다. 이렇게 인지를 하는 구체적인 방법에 대해서는 스스로 모르고 있습니다.

어떤 판단의 기준을 가지고 있는지 스스로 모르며, 관련된 고민을 하지도 않았는데 그것에 대한 답을 우리는 알고 사용하고 있습니다.

실제로 사진 속 물체의 크기를 예측할 때, 크기를 알고 있는 물체를 기준으로 다른 물체의 크기를 예상하는지에 대해서 설명할 수가 없습니다. 인간이 실제 어떤 알고리즘을 사용하는지에 대해서는 무의식의 영역에서 이루어지기 때문에 구체적인 근거는 없습니다.

특정 상황에 적합한 알고리즘을 자신도 모르게 사용을 하고 있다는 것으로 해석을 할 수밖에 없으며, 범용 인공지능에서 필요한 기능이 될 것입니다.

범용 인공지능은 상황에 적합한 알고리즘을 스스로 선택하여 사용하는 부분이 필요합니다.

의식

인간의 의식을 종교적 의미와 진화론적 의미로 해석해보려고 합니다.

종교적으로 해석을 하는 것은 영혼의 존재를 인정하는 것이 됩니다. 인간 영혼의 의지와 생각이 언어와 행동을 통해서 외부로 드러나게 되는 것으로 전통적인 해석 중 하나입니다.

진화론으로 해석하는 것은 '인간의 의식'을 고차원적인 사고를 하는 존재로 설명할 수 있습니다.

"나는 생각한다. 고로 존재한다."라는 유명한 말처럼 고차원적인 사고는 중요합니다. 고차원적인 사고는 많은 검토를 통하여 이루어지기 때문에 언어를 통하여 구체화 되어야 하며, 당연히 언어를 통한 사고를 기반으로 할 수밖에 없습니다.

인간이 언어를 배우면 언어를 고차원적으로 조합하여 사용하는 훈련을 하게 되며, 이러한 과정에서 의식이라는 것이 생겨나는 것으로 설명해 봅니다.

언어도 의식을 의미하지 않는다

언어를 사용하는 주체는 의식이라고 지금까지 이야기 해왔습니다.

그러나 무의식에 의해서 언어를 사용하는 경우에 대해서 이야기 해 보려고 합니다.

이해하기 쉽도록 구체적인 예시를 보여드리겠습니다.
영어 학원 선생님 중에 한국어와 영어를 모두 모국어처럼 사용하는 분이 있었습니다. 이 영어 선생님은 가끔 자신이 영어를 말을 한 것인지 한국어로 말을 한 것인지 기억을 하지 못합니다. 그래서 학생들에게 이렇게 말합니다.

"내가 방금 어떤 언어로 말을 했지?"

스스로 기억을 못 한다는 것은 의식이 아니라, 무의식의 영향에서 행동한 것으로 해석이 가능하나, 그것이 언어를 사용하는 것이라는 점이 포인트입니다. 언어라는 것도 완벽하게 훈련되면, 무의식을 사용하여 구사하게 됩니다.

누구나 경험할 수 있는 더 일반적인 예시도 있습니다.
어떤 주제를 설명하고 있는 중에, 갑자기 질문을 받아서 다른 이야기를 하면, 이전에 어디까지 설명을 했는지 정확하게 기억하지 못합니다. 이런 경우도 무의식이 언어를 사용하는 경우에 포함이 됩니다.

무의식의 주도로 언어를 사용한다는 사실이 지금까지 의식과 언어의 관계에 대해서 설명해온 것과 충돌이 발생하는 것이 아닙니다. 지금까지 설명은 무의식과 의식 중에 어느 곳에서 판단한 것인지 구분하기 위해서 언어를 기준으로 하였습니다.

어떤 설명을 위해서 문장을 만드는 순간은 분명하게 무의식이 아니라 의식을 사용하여 작성하였습니다. 즉 의식의 결과물입니다.

의식의 결과물인 언어(문장)를 우리의 무의식이 사용하는 경우가 됩니다. 무의식도 의식의 결과를 사용하는 예가 되는 것으로 해석하는 것이 보다 정확합니다.

단어의 이미지는 어디서 오는가

우리가 사용하는 단어에는 이미지가 포함되어 있습니다.

이런 단어의 이미지는 어디서 생겨나는지 궁금합니다. 어떻게 단어에 공통적으로 생각하는 이미지가 존재하는 것일까요?

명품과 사치품은 바꾸어 사용하여도 문법적인 오류가 발생하지 않습니다. 그러나 가지고 있는 이미지가 다릅니다.

사전의 의미로 구분을 하여도, 명품은 가성비가 좋지 않다는 것을 누구나 알고 있습니다.

이미지를 사용하는 무의식이라면, 명품에 대한 열망은 무의식에서 올 수밖에 없습니다.

명품과 할인 마트에서 구매한 가방의 차이를 실용적인 부분만 논리적으로 생각해 보시면 됩니다. 명품의 소유로 인한 만족감은 타인에 대한 우월감과 스스로 아름다운 가방을 가졌다는 기쁨이 있습니다.

그러나 실용적인 면에서는 동일한 가방입니다. 명품이 뛰어난 것은 인간의 무의식을 자극하고 만족시키기 때문이라고 결론을 내립니다.

인간은 의식과 무의식으로 구분이 되며, 상품 광고에도 의식보다 무의식을 만족시키려는 전략을 이미 사용하고 있습니다.

단어의 이미지는 공통된 문화를 공유할 때 비슷한 이미지를 이해할 수 있게 됩니다.

영어 회화를 배울 때, 영어 단어의 사전에 나와 있는 의미와 별개로 단어가 가진 이미지를 설명해 주는 경우가 종종 있습니다. 이런 설명이 필요한 것은 문화를 공유하지 않았기 때문입니다.

아이들만의 은어에는 어른이 이해하지 못하는 이미지를 가지고 있습니다. 명확하게 논리적인 설명이 아니라 단어의 이미지를 사용한 대화이기 때문에 같은 문화를 공유하지 않으면 이해할 수가 없습니다.

단어의 이미지는 무의식에서 만들고 있습니다. 그리고 공통된 이미지를 공유하는 사람들이 있어야 언어로서 가치를 가지게 됩니다.

인간이 생각하는 방식에서 논리적이지 않은 이미지를 만드는 곳은 무의식입니다.

단어가 가지고 있는 이미지를 사용한 대화를 하고 있는 사람도, 단어에 있는 이미지를 언어로 자세히 설명하는 것을 어려워하는 것이 보통입니다. 미리 준비하지 않으면, 정확하게 설명하지 못 하는 경우가 대부분입니다.

해외의 토크 쇼에서 짧은 단어나 문장의 이미지를 알지 못하기 때문에 공감하지 못하는 경우가 많이 있습니다. 이것은 문화의 차이로 인하여 전달하려는 이미지를 모르기 때문입니다.

문화와 경험으로 변화된 무의식은 언어 속 단어에 이미지를 추가하게 되며, 이것을 공통적 받아들이게 되면 단어에 이미지가 존재하게 됩니다. 이때의 이미지를 언어를 사용하여 문장으로 설명을 하려면, 짧은 문장으로 정확하게 표현하기 어렵습니다.

거꾸로 말하면, 이미지는 많은 것이 압축된 데이터 형식으로 생각할 수 있습니다.

컴퓨터에서 많은 데이터를 압축하여 보관하는 방식을 사용하고 있습니다. 인간도 이미지라는 압축된 데이터를 사용하는 방식이 있다는 것을 설명했습니다.

빠른 동작을 하는 무의식은 언어보다 압축된 형식인 이미지를 사용하여 동작하기 때문일 수도 있습니다.

명확하지 않으며, 구체적이지 않은 이미지를 사용하면 논리적이지 않은 동작들을 하게 될 수도 있을 겁니다. 그러나 잘 훈련한다면 보다 빠른 처리 속도를 가지게 됩니다.

인간의 대화에서 이미지에 의한 압축된 정보의 전달이 가능하다는 것은 많은 토크 쇼에서 보여주고 있습니다.

언어를 기반으로 의식이 동작된다면, 무의식은 어떤 데이터를 기반으로 동작을 하는지 고민을 한 적이 있습니다. 당시에 여러 가지 고민을 하다가 결론을 내지 못하였는데, 이 책이 거의 마무리 될 때, 무의식은 이미지를 기반으로 동작한다는 생각을 하게 되었습니다.

결론

　무의식에 대해서 관심을 가지게 된 이유는 많은 불합리한 일들이 합리적인 인간 사이에서 발생하고 있다는 사실을 설명하고 이해하기 위해서입니다.
　많은 분들이 세상이 불합리한 것에 대해서 알고는 있으나, 원인과 이유에 대해서 설명하지 못하고 있습니다.

　사회의 불합리한 원인은 결국 개개인의 인간의 불합리가 모여서 이루어진 것이며, 인간을 이해하는 것은 사회가 불합리한 원인을 설명할 수 있게 합니다. 여러 가지 원인이 있겠지만, 여기에서는 무의식을 원인으로 해석해 보았습니다.

　무의식의 영향을 적게 받는 방법은 빠른 결정보다는 시간을 가지고 천천히 고민해 보는 것이 필요합니다.

　4차 산업 시대에 주목받고 있는 한 분야인 인공지능이 선과 악을 구분하지 못하는 위험성을 생각해 보았습니다.
　인공지능에는 인간의 무의식과 비슷한 요소가 있으며, 무의식을 제어하는 의식과 같은 것이 필요하다는 것을 생각해 보았습니다.
　고전적으로 내려오는 철학의 주제인 "나는 누구인가?"에 대한 물음에 대하여, 인공지능의 이해를 통해서 접근해 보았습니다.

세상은 무의식에 의해서 지배되고 있다

많은 철학자와 사상가들은 세상이 의식에 의해서 지배되기를 바랐으나, 현실은 그렇지 않습니다.

이러한 원인은 간단합니다. 의식보다 무의식에 지배되는 사람들이 훨씬 많기 때문입니다.

비평가 조지 버나드 쇼는 "2% 사람들이 생각한다."라고 이야기했습니다. 여러 의미로 해석이 될 수 있지만, 이성을 활용하는 사람이 너무나 적다는 의미로도 해석이 가능합니다.

이성을 활용하는 사람이 적은 것이 원인이 되어 세상은 비합리적이며, 이성적이지 않습니다.

자신의 이성(의식)으로 '비이성(무의식)을 이용해서 원하는 바를 이룰 수 있는 방법을 찾아야 하나, 비이성(무의식)을 제어하지 못하는 경우가 많습니다.

4차 산업혁명이 끝나면, 생산의 문제는 해결이 될 것입니다. 다음에 관심을 가져야 할 것은 인간의 가치와 의식에 대한 것이 될 것이라고 하고 조심스럽게 예견해봅니다.

인간의 가치에 대해서 정의가 되어야 사회 내부의 분쟁이 끝나게 될 겁니다. 이것을 먼저 해결하는 사회가 더 발전하게 될 것입니다.

세상을 일그러뜨린 불합리는 인간의 마음 속에 있다

많은 동화의 이야기, 영화, 만화의 주인공들은 세상을 일그러뜨리는 마왕과 싸우고, 승리를 합니다.

세상을 일그러뜨리는 불합리는 세상에 존재하나, 하나의 실체를 가지고 있는 것이 아닙니다. 이 불합리는 작게 분리되어, 인간의 마음 속마다 존재합니다.

우리 마음속에 불합리가 존재하며, 우리는 마음 속의 불합리를 알아야 합니다. 이것을 이해하고 합리적으로 생각하고 행동하는 사람이 많을수록, 세상은 평화롭고 살기 좋게 됩니다. 불합리하게 생각하는 사람이 많을수록 세상은 불합리하게 될 수밖에 없습니다.

세상을 위하는 것이 아니라, 스스로를 위하는 것입니다.

정의로운 사람에게 격려를 해 주어야 합니다. 불합리가 없는 유토피아는 남이 만드는 것이 아니라, 우리 각자의 노력이 필요합니다.

희망을 가져야 합니다.

하.
세상의 불합리성에 대해서
고민하는 과정

세상의 불합리성에 대해서 고민하는 과정

하편의 이야기는 무의식과 의식의 상편 설명에 대해서 관심을 가지게 되는 과정에 대한 부분입니다.

저의 개인적인 관심사에 대해서 이야기를 해야 하는 부분이기도 하며, 단편적인 생각들의 이야기도 됩니다.

대학 졸업 후, 소프트웨어 개발에 관심을 가지게 되며, 소프트웨어 분야의 전문가가 되기 위해서 몰입하게 됩니다.

소프트웨어 실무자로서 실무를 경험하면서, 논리적이지 않은 것을 경험하게 되며, "세상은 합리적이지 않다."라는 생각을 했습니다.

'합리적이지 않다'라는 것은 "내가 이해하지 못한 무엇인가 있다."라는 것으로 결론을 내린 후, 스스로 이해하지 못한 것에 대하여 고민을 했습니다.

먼저 세상의 다양한 면을 관찰하게 되었습니다. 이미 경험한 직장, 사회의 모습, 역사, 정치의 현실 ….

"결국 인간은 합리적이지 않으며, 비합리적이다."라는 결론을 내리게 되고, 인간은 왜 비합리적인가?라는 의문에 답을 찾으려고 노력하게 됩니다.

상편의 이야기는 이런 과정을 통한 결론이 됩니다.

단편적인 것들이나, 공유할 가치가 있다고 생각되어서 정리하게 되었습니다.

프로그램 조기 교육에 반대

저는 프로그램 조기 교육에 반대합니다. '스티브 잡스'는 모든 사람이 프로그램을 배워야 한다고 이야기했습니다. 그 이유는 어떻게 생각하는지 알려주기 때문입니다.

우리는 프로그램 교육에서 무엇을 가르치려고 하는가?

어떻게 생각하는지 알려주기 위한 것인가?

우리의 프로그램 교육은 단순한 기능 프로그램 만들기가 될 것입니다. 단순 기능을 만드는 것은 조기 교육을 할 필요가 없습니다.

"어떻게 생각해야 하는지"를 고민하는 교육이라면, 언제나 환영합니다.

현직 프로그램 특급 개발자 중에, 프로그램을 개발과 "이렇게 생각해야 한다."를 연결하여 설명할 수 있는 분이 몇 분이나 될까요?

기능 개발을 십 년 이상 한 특급 개발자들도 '어떻게 생각해야 할지'를 이해하지 못하는 분들이 많습니다.

'생각의 방법은' 공식이 아니며, 단순 기능 개발을 해서 깨달을 수 없으며, 근본적인 이해가 필요합니다.

 이것저것 힘들어하는 아이들을, 더 힘이 들도록 하는 교육에 반대할 수밖에 없습니다.

 목표와 절차, 결과가 일치될 때까지, 그 많은 어린 학생들을 실험의 대상으로 삼게 되지 않을까요?

 프로그램과 '어떻게 생각하는지'를 연결하여, 먼저 스스로 이해한 후에 결정해야 할 것입니다.

print 명령어가 쉽다

 프로그램 처음 배우시는 분들이 많이 하는 생각이 'print 명령어'가 쉽다고 합니다.

 print("Hellow World!!");

 위와 같이 프로그램을 하면, "Hellow World!!"가 화면에 나오게 되는 프로그램 명령어입니다. 동작이 이해하기 쉽고, 결과가 눈에 보이기 때문에 쉽다고 생각합니다.

조금 더 고민해 보면 print 명령어가 쉽지 않다는 것을 알게 됩니다. 어떻게 하면 이런 결과가 나올까요?

따옴표 안에 어떤 글자든지 모니터의 화면에 나오게 하려면, 어떤 과정을 거쳐야 할까요?

> 글자가 아니라, 점 하나는 어떻게 모니터에 표시되는가?
> 점의 위치는 모니터에서 어떻게 정해지는가?
> 컴퓨터는 어떻게 해석하고, 모니터로 어떻게 보내야 하나?

머리가 아파지기 시작할 겁니다.

결론적으로 프로그램 명령어 중에 이해하기 어려운 명령어가 print 명령어라는 것을 이해할 수가 있습니다. 우리는 단순하게 따옴표 안에 글자가 화면에 나온다는 것으로 이해하여 쉽다고 생각하는 겁니다. 이것을 다른 명령어에 적용해보는 것은 어떨까요?

어려운 것도 쉬운 것으로 이해할 수 있는데, 다른 쉬운 것은 더 쉽지 않을까요?

이것을 이해하는 것이 모듈과 인터페이스입니다.

내부 동작은 모르지만, 내가 어떤 입력을 주면, 원하는 결과를 얻는 것입니다. 단순 동작들이 모여서 하나의 큰 단위의 동작을 무리 없이 진행하게 하려는 것이, 모듈과 인터페이스 설계가 됩니다. 너무 친숙

하게 많이 들어온 단어여서, 쉬운 단어라고 생각하시는데, 막상 특급 개발자들도 이해 못 한 경우를 종종 봅니다.

모듈과 인터페이스는 쉬운 말로 많이 생각하는데, 그건 간단한 개념일 뿐이고, 실제 설계에서는 적용하기 어려운 개념 중 하나입니다.

철학에서 말하는 '상호존중'이 쉬운 말이나, 현실에서 복잡하게 따지면 어려워지는 것과 같은 원리입니다.

C언어의 잘못된 이해

저는 C언어를 처음에 배웠고, 이후 실무에 필요해서 자바, C++ 등 다른 언어를 배웠습니다. 객체의 개념을 이해하는 데는 한 달 정도 걸렸습니다. 안드로이드를 개발할 때는, 펌웨어 단(C,C++)에서 프레임웍을 거쳐서 APP단(JAVA) 까지 버그 분석을 한 경험이 있습니다. 즉 C, C++, JAVA 3가지 언어를 동시에 보면서 버그를 분석했습니다.

C언어와 비교하여, 객체 지향 언어에서는 '클래스'의 장점을 강조합니다. 필요한 클래스만을 수정하면 되어서 편리하며, 이미 작성된 것을 사용하기에 유리하다는 이유입니다. 하나의 파일에 하나의 클래스를 사용하는 것이 좋다고 권장하기도 합니다.

결론부터 말씀드리면, 이것은 객체 지향 언어만의 장점이 아닙니다. C언어에는 헤더 파일을 include 하는 기능이 있습니다. 기능을 조각내어서, 파일로 잘 분리하여 선언과 정의를 해두면, 클래스와 유사하게 사용이 가능합니다.

클래스를 상속하여 가져오는 것과 헤더 파일을 include 하는 것은 기존에 작성된 프로그램을 가져온다는 점에서 유사한 기능입니다. include 한 것은 그냥 쓰면 되고, 나머지만 새로 정의하여 개발하면 됩니다.
파일 내에서만 사용하는 함수는 내부 함수가 되고, 헤더 파일에 선언하여 외부에 공개하면 public의 개념이 됩니다.

세부적 문법적 차이는 물론 있습니다. 그러나 이미 작성된 프로그램을 가져와서 사용한다는 개념은 동일하게 적용이 됩니다.

"C언어는 메인 함수 하나에 거의 모든 것에 들어간다."라는 것도 잘못된 생각입니다.
파일로 나누어서, 여러 헤더 파일로 정의하여, 상속을 받는 것처럼 include 하여 사용하면 됩니다.
너무나 당연한 것이며, 실무에서 사용하는 복잡한 C프로그램의 대부분은 메인 함수에 몇 줄의 코딩밖에 존재하지 않습니다.

어떤 프로젝트에서 실무로 C언어를 접해서 "메인 함수 하나에 거의 모든 것이 들어간다."라고 이야기를 할 수 있는지 제가 궁금하기는 합니다.

부분적으로 코드를 수정할 때도 전체 코드를 컴파일해야 한다는 단점도, 컴파일러의 문제이지 프로그램 언어 자체의 문제는 절대 아닙니다. 이러한 기능이 있는 컴파일러를 사용하면 되는 문제입니다.

상대적으로 자바 컴파일러에는 기본 기능이지만 프로그램 언어 자체의 장단점으로 논의하기에는 적절한 주제가 아닌 것이 분명합니다.

왜 이런 오해들을 하게 되었을까요?

저는 원인을 JAVA 홍보를 위해서 C언어와 비교를 하였는데, 그것이 20년 넘게 내려오고 있다고 봅니다. 초기 자바 서적에서 클래스와 객체 지향이라는 우월성을 강조하고 싶은 '광고'를 보고, 순진하게 믿었던 개발자들의 실수입니다.

자바 서적에서 '잘못 작성한 C코드'와 '훌륭하게 작성한 JAVA코드'를 비교하여 JAVA 프로그램 언어의 우월성을 강조하였습니다.

비유하면 한국의 조기 축구회와 프리미어리그의 축구를 비교하여, 잘못된 평가를 한 것입니다.

잘못 작성한 JAVA코드와 훌륭하게 작성한 C코드를 비교하면 어떤 결과가 나올까요?

JAVA코드로 하나의 클래스에 모든 기능을 정의하는 초보자는 없는 건가요?

여기까지 내용이 오래전 제가 객체를 이해하는 시기에 이해한 것입니다. 아래와 같이 세련되게 표현이 가능하다는 것은 이후 알게 되었습니다.

"객체 지향 언어가 아니라 객체 지향 설계이다."

그것도 모르냐는 말을 듣는 것이 내 능력이다

처음 접해보는 업무를 진행하면서, 제가 무엇을 모르는지 파악하여, 그것을 물어보면 아래와 같은 말을 많이 들었습니다.

"그것도 모르세요?"(잘한다고 들었는데…)

제가 경험이 없는 분야이니, 전 모르는 것이고, 기존 분들이 당연히 알고 있는 것이니, 이런 말씀을 하는 것입니다. 거꾸로 생각해 보면, 모르고 있으나 당연히 알아야 하는 것을 정확히 찾아낸 것입니다. 그래서 전 이렇게 말합니다.

"그것도 모르세요?:"라는 말을 듣는 것이 저의 능력입니다.

모른다고 말할 수 있는 사람은, 바보이거나 진짜 고수라고 생각합니다. 자신이 모르는 것을 인정하는 것은 쉬운 것이 아닙니다. 그러나 고수들은 모른다는 말을 태연하게 합니다.

반대로 아는 것이 많지 않은 사람들은 모른다는 이야기를 하지 않으려고 노력을 합니다.

스스로 정상에 올라 보아야 다른 정상도 이해한다

아무리 뛰어난 재능을 가진 사람이라도, 모든 분야의 정상에 도달할 수는 없습니다. 하나라도 정상에 도달해 본 사람은, 다른 정상에 도달한 사람을 이해할 수 있습니다.

정상에 도달해 본 사람은, 자신과 다른 분야에 정상에 도달한 사람을 함부로 하지 않습니다. 어떠한 고통을 이겨 내야 하는지, 포기하고 싶은 마음을 얼마나 버티고 견뎌야 하는지, 포기할 뻔하기도 하였으나 그러지 않았는지를 스스로 알기 때문입니다.

정상에 올라본 사람이 다른 정상에 도달한 사람을 이해하고 협력하여 성과를 낼 가능성이 더 높을 것입니다.

난독증

제가 난독증이라는 것은 인도 영화 '지상의 별처럼(Like stars on Earth, 2007)'을 보고 알게 되었습니다.

어렸을 때, 받아쓰기를 잘못하여, 특별 공부를 받기도 하였습니다. 어머니께서는 'ㄷ' 받침을 거꾸로 써서 틀리는 사람은, 처음 본다고 말씀하셨습니다. 이것은 난독증의 증상입니다.
거울의 반대편을 보는 것처럼, 세상을 보는 것입니다.

난독증의 특징은 아래와 같습니다.

- 말이 늦게 트이거나 말을 더듬는다.
- 말이 어눌하게 들린다.
- 발음이 명확하지 않거나 틀린다.
- 단어를 기억해 내는 데 어려움을 겪는다.
- 문장을 읽어도 뜻을 잘 인지하지 못한다.
- 철자를 자주 틀린다.
- 글쓰기에 어려움을 겪는다.

쉽게 표현하면, 글씨도 제대로 못 쓰는 저능아로 보입니다. 그리고 외국어도 약합니다.

난독증을 가진 아이 중에는 시간이 지나면 난독증을 극복한 사람이 생기게 됩니다. 이런 사람들은 MRI 사진을 찍으면, 정상인과는 다른 부분의 뇌를 사용합니다.

쉽게 해석을 하면, 언어를 담당하는 뇌의 역할이 부족해서 뇌의 다른 부분이 그 역할을 대신하게 됩니다.

난독증을 가진 사람들은 슬로우 스타터입니다.
글자를 그림을 보듯이 인식하며, 복잡하게 보기 때문에 시작이 느릴 수밖에 없습니다. 그러나 일단 출발이 시작되면, 남들이 못하는 것들을 해낼 수도 있습니다.

학계에는 오히려 난독증이 천재를 만든다는 주장도 있습니다. 좌절하지 말고 노력하며, 시간을 가져서 극복해 보셔야 합니다. 난독증을 가진 사람은 특별한 존재가 될 수도 있습니다.

알베르트 아인슈타인, 레오나르도 다빈치, 토마스 에디슨, 한스 안데르센, 파블로 피카소, 월트 디즈니, 닐 다이아몬드, 아가사 크리스티의 공통점은 난독증입니다.

말을 더듬고, 철자를 틀리는 것도 하나의 타고난 것이며, 도약을 위해서 더 많은 시간이 필요합니다.

태어나서 누구나 정상적으로 걸음을 걷지 못하나, 시간이 지나면 걸을 수 있게 됩니다.

죽은 믿음

개발 과정을 보면, 잘 안되는 경우가 더 많습니다.

인터넷에 나와 있는 개발 방법대로 하자고 조언하면, "좋은 건 알지만 하지는 않겠다."는 답변을 자주 듣습니다.

많은 고수들이 좋은 방법이라고 하며, 공개된 방법이며, 스스로도 좋다는 걸 알고 있는데, 왜 하지 않을까요?
이 물음에 답을 찾기 위해서 고민하였습니다.
좋은 건 이미 알고 있지만, 하지 않는다는 것은, 왜 그럴까요?
잘하고 싶지 않은 건 아닌 것 같습니다. 밤에도 열심입니다. 고민했으나 답을 찾지 못하다가, 결국 답을 찾았습니다. 그 답은 성경에 있었습니다.

(야고보서 2:26)
영혼 없는 몸이 죽은 것 같이, 행함이 없는 믿음은 죽은 것이니라.

고수들이 옳다고 하며, 자신도 그것을 알고 있으나, 왜 실행하지 않을까? 라는, 의문의 답은 성경에 있었습니다.

'죽은 믿음'을 가졌기 때문에 실행하지 않는다.
'죽은 믿음'을 가졌다.
이것이 답이었습니다.

답은 이미 알고 있는 경우가 더 많습니다. 문제는 실천하지 않기 때문입니다. 이것을 명심해야 합니다.

본질을 배우지 못하는 사람들의 헛소리

과거 뛰어난 인물의 방법이 잘못되었다고 이야기하는 것을 많이 봅니다. 그중에 하나가 잭 웰치 회장의 방식은 이제 통하지 않으니, 버려야 한다는 것입니다.

잭 웰치 회장은 1900년대의 후반기에 최고 경영자로 꼽힙니다. 그러나 그의 경영 기법은 현재에는 맞지 않아서, 버려야 된다고 평가하는 것을 봅니다.
우리는 그 사람이 사용한 형식만 따라 하다가, 현재에는 맞지 않는다고 낮은 평가를 주는 것은 아닐까요?

잭 웰치 회장님이 추구한 본질은 무엇이었을까?

잭 웰치 회장님이 현재 상황에 맞는 경영 방법을 찾는다면, 그것은 어떤 것이며, 평가를 받을까요?

잭 웰치 회장의 과거에 한 것의 형식만 가져오고, 핵심을 가져오지 못했기 때문에 이런 평가를 한다고 생각합니다.

현재 상황이라면 잭 웰치 회장이 과거와 똑같이 했을까요?

잭 웰치의 진정한 후계자가 없는 것입니다.

뛰어난 인물의 과거 형식을 배우는 것이 아니라, 본질을 배워야 합니다.

잭 웰치 회장이 생각한 본질은 아래와 같은 것일 겁니다.

상사가 현장에 전화를 걸어, 매출이 얼마나 되는지 등의 데이터를 달라고 하는지, 아니면 현장에서 도와달라, 지원해달라는 전화가 상사한테 오는지를 살펴보라.

만약 전자라면 그 사람의 자리는 위험하다. 그 상사는 직원을 통제하려는 사람이다.

후자라면, 안심해도 좋다.

관리직의 유일한 목적은 현장을 지원하고 게임에서 이길 수 있도록 제반 도움을 주는 것이다.

슬프게도 한국의 현실은 통제하려는 사람이 많습니다.
잘못된 리더십을 상사에게 보여주려고 하기 때문입니다.
그 잘못된 리더십을 보고 상사는 칭찬을 합니다.

회사가 성장하기 어려운 이유

"못하면 안 되지만, 너무 잘할 필요도 없다."

이 말은, 제가 하는 말은 아닙니다.
우리나라 기업의 많은 선배들이, 친한 후배에게 해주는 조언입니다.

고개를 끄덕이시는 분들은, 직장을 좀 다녀 본 분들이십니다.
설마 하시는 분들은, 아직 직장과 인연이 많지 않은 분들이십니다.
물론 못하지 않는 것도 쉬운 일은 아닙니다. 그러나 회사가 성장하기 어려운 이유가 너무나 명백하지 않습니까?

"왜 직원들이 최선을 다하지 않을까?"라는 질문을 회사에서 해야 합니다. 물론 회사는 '직원이 … 이래서'라고 생각할 겁니다.
"그럼 회사의 리더가 누구냐?"는 질문을 다시 해야 할 겁니다.
특정 몇몇도 아니고 대다수가 "너무 잘할 필요도 없다."라는 생각을 가지게 되는 것은 회사의 역할도 분명하게 있을 수 있습니다.

업무 성과가 낮은 이유

너무 쉬운 답인데, 왜 답을 모르는지, 이해를 못 하겠습니다.
"죽기만큼 가기 싫다는 곳에서 생산성이 나오지 않는다"라는 것은 초등학생도 알고 있습니다.

한국의 많은 직장인들은 출근하기 싫다고 하며, 죽지 못해서 출근한다고 하고 있는데, 업무 성과를 바라고 있는 겁니다.

왜 기업의 리더들은 초등학생도 이해하는 것에 대한 고민을 하지 않는 것인가요?
이것에 대한 고민을 기업의 리더들이 해야 합니다.
이것이 '리더십의 핵심'입니다.

실수를 인정하라는 것이 아니라 고치라는 것이다

진행이 잘 안 되고 있는 프로젝트에서 도움을 요청하여, 조언을 해준 적이 있습니다.

신기하게도, 잘 안되는 원인과 잘되는 방법을 조언해 주면, 좋지 않은 반응을 보이기도 합니다. 그 이유는 자신의 실수를 지적한 것이 유쾌하지 않아서 일 겁니다.

　잘되기 위해서 더 좋은 방법을 알려 주어도, 화를 낸다는 것이 재미있습니다.

　잘 되기만을 바랄 뿐, 무엇인가 하려는 의지가 없는 사람들도 있습니다. 남이 해주기를 바라는 것입니다.

　지금까지 잘 안 되었는데, 잘 되게 하려면 '무엇인가 다른 것을 해야 한다'는 기본적인 생각부터 해야 합니다.

　일반적으로 비법을 많이 찾습니다.

　비법을 모르는 자신은 잘못이 아니라고, 변명을 하기 위해서 일수도 있습니다. 그러나 대부분은 하던 것을 조금 수정하면 되는 경우가 더 많습니다.

　물론 완전히 고쳐서 완벽한 상태가 되면 좋지만, 프로젝트 중에는 시간이 허락해주지 않는 경우가 일반적입니다.

　정확한 원인을 지적하거나, 조금의 수정 방법을 제시하면 언짢아하는 경우가 있습니다. 실수를 인정하라는 것이 아니라, 앞으로 고쳐야 한다고 말하고 싶은 겁니다.

　언짢아하는 것은 이성이 아니라, 자신의 감정을 이기지 못하는 것입니다. 물론 이런 사람에게 다시는 조언해 주지 않으려 합니다. 조언을 받을 준비가 되지 않은 사람이라고 생각하기 때문입니다.

진실한 조언의 결과가 미움이라면, 왜 조언해 주어야 하는지 이유를 찾지 못하겠습니다.

경험상, 능력이 부족하고 지식이 부족한 사람들이 자신의 실수를 받아들이기를 싫어하는 것 같습니다. 반대로 능력 있고, 업무를 잘하는 사람들이 자신의 실수를 잘 받아들이고 수정하는 것 같습니다. 이런 작은 차이가 업무를 잘하는 사람과 못하는 사람으로 나누게 되어 격차가 더 벌어지는 것으로 보입니다.

능력이 부족한 사람은 자신의 진실이 드러나는 것이 두려운 것이며, 능력이 있는 사람은 더 성장하기를 바라는 것에서 차이가 더 크게 됩니다.

삼국지의 조조를 비웃을 때, "잘못은 인정하지 않으나, 고친다."라고 말하기도 합니다. 우리는 정확하게 반대로 하고 있습니다.
"잘못은 인정하나, 고치지 않는다."
실제 역사에서 조조가 당대 최고의 영웅이었던 이유를 여기에서도 찾을 수 있을 겁니다.

단기적으로 보면 현재의 능력이 중요하지만, 장기적으로 보면 '마음의 차이'가 '성장의 차이'를 결정하게 될 겁니다.

실무자 탓만 하는 리더가 가장 무능한 이유

실무자 탓만 하는 리더가 가장 무능한 이유는 당연합니다.
성공과 실패는 자신의 책임이라는 것을 망각하고 실무자의 탓을 하며, 계속 실패를 발생시키기 때문입니다.

능력 있는 실무자라면, 내가 거느릴 자격이 있는지도 생각해 봐야 하고, 무능한 실무자라면, 그것을 알아보지 못하고 관리하지 못한 나의 잘못이 됩니다.

알아서 모든 것을 처리해 주는 실무자에게 감사해야 하며, 대부분의 실무자는 관리가 필요합니다.

최소한 상부의 지원이 부족한 것을 탓해야 합니다. 그러면 지원을 더 받을 수 있으며, 다음에 성공 가능성은 높아집니다. 물론 상급자는 싫어할 수도 있습니다.

결정 장애 리더

결정 장애 리더의 특징은 선택에 대한 정확한 결과를 모두 설명하라고 합니다.

미래를 100% 정확히 맞추는 사람은 주식시장으로 가서 투자해야 하며, 생계를 위해서 다른 업무를 할 필요가 없습니다.

모든 것을 정량화(수치화)하여 결정한다는 것은 불가능합니다.
간단하게 설명해 드리면, 선 하나 그려져 있는 예술 작품을 정량적으로 평가를 해보시면 됩니다. 제가 선을 하나 그린 것은 왜 예술 작품이 아닌지 정량적으로 설명할 수 있다면, 오류를 인정하겠습니다.

중급을 넘어서, 고수의 경지에서는 정량적인 숫자로 표현이 불가능합니다. 미묘함을 이해하고 최선의 선택을 하는 것이 고수입니다.

필요에 따라서 정량적으로 표현해야 한다는 것은 인정하지만, 모든 것이 숫자로 표현되지 못한다는 점을 강조하고 싶습니다.

결정에는 시기 또한 중요합니다.
모든 것이 명확해진 후에 결정하면, 결정의 시기를 놓치는 경우가 생길 수 있습니다. 좋은 결정은 시기를 놓치지 않음 또한 중요합니다.

불완전한 정보로부터 결정하며, 위험을 피하고, 잘 이끄는 것이 리더가 갖추어야 할 항목입니다. 누구에게나 쉽지 않은 것이나, 역사 속 위인들은 이것을 합니다.

자신의 조직의 흥망이 달렸다면 스스로 또는 적임자에게 위임하여 좋은 선택을 해야 하는 것은 리더의 의무입니다. 부담이 큰 것이 당연하지만, 잘못된 결정을 계속한다면, 리더의 자격을 잃게 될 겁니다.

결정에 필요한 100% 근거를 가져오라는 것은 리더로서 하수라는 것을 인정하는 것이 됩니다.

실수하지 않는 것이 아니라, 실수도 못 하는 하수일 수도 있습니다.

능력이 평범한 것이 아니라 생각이 평범한 것이다

현재의 능력은 지금까지 생각의 결과입니다.

생각이 평범하면 평범한 능력을 가지게 되며, 생각이 비범해야 미래에 비범한 능력을 가지게 됩니다. 목표를 세우고, 도전하고, 실패도 하면서, 능력이 향상되어, 결국 비범해지게 됩니다.

다른 사람의 비범한 생각을 비웃지 말아야 합니다.

그 사람은 자신의 생각만큼 비범해질 것입니다.

내 생각을 비웃는다고 좌절하지 말아야 합니다.

좌절하면 평범해지고, 그렇지 않으면 미래에 비범해질 수 있습니다.

만 1년 차의 직장인을 위한 글

"우리 회사가 이런 상황인데, 타사와의 경쟁에서 이길 수 있을까?" 고민하시는 분들을 위해서 이야기 드립니다.

직장에 들어가서 상황 파악이 되기 시작하면, 회사가 성장하지 못하는 이유가 보이기 시작하고, 좌절감이 드실 수 있습니다. 이럴 때 확인해봐야 할 것이 있습니다.
"다른 회사는 어떤가?"입니다.
다른 회사는 더 심할 수도 있습니다.

우리 회사에 고쳐야 할 부분이 있지만, 타사는 더 심할 수도 있습니다.

소크라테스는 "너 자신을 알라."라고 말했고, 손자병법에서는 "너 자신뿐 아니라 상대방도 알아야 한다."라고 했습니다.
누가 한 말이, 더 뛰어난 것인지는 중요하지 않습니다.
자신의 완벽함을 추구한 사람과, 타인에게 승리하기 위한 사람의 차이입니다. 목적에 따라서 다른 설명을 하고 있는 것입니다.

완벽해서 이기는 것이 아니라, 상대가 더 완벽하지 못해서 이기는 경우가 더 많습니다.
완벽함을 추구하는 대결보다, 그렇지 않은 대결이 훨씬 더 많이 펼

쳐지는 것이, 인간의 세상입니다.

우리가 명경기라는 하는 것은 완벽함의 대결을 보여 주는 경기입니다. 실제는 명경기가 아닌 경우가 훨씬 많습니다.

우리의 직장으로 돌아오면, 우리 회사가 잘하는 것도 중요하지만, 경쟁사가 우리 보다 잘하지 못해서 이기고 있는 경우가 더 많습니다.
우리가 생각하는 이상적인 제도와 문화를 갖춘 회사는 '초일류' 기업이 거나, 초일류가 되려고 하는 기업입니다.
상위 1% 훨씬 안쪽의 기업이 될 겁니다.

왜 이런 것을 바꾸지 않는지가 남았는데, 가장 바꾸기 힘든 것은 '사람'입니다. 문화나 제도를 바꾸는 것은 그 제도를 받아들일 수 있는 사람이 되어야 하며, 그것은 결국 사람이 바뀌어야 한다는 것입니다.

임원진에서 바꾸려는 노력이 있는지만 보시면 됩니다.
성장하셔서 스스로 바꾸어 보실 수도 있습니다.

이상한 나라의 개발자

개발을 하다가 보면, 동화 속 '이상한 나라의 엘리스'가 생각이 납니다.

스스로 정상이라고 생각하는데, 다른 사람들은 저를 특이하다고 합니다. 특이하다고 하는 점을 설명해주면, 논리적으로는 제가 맞지만, 계속 이상하다고 합니다. 제가 사용하는 논리는 초등학생도 이해하는 것들이 대부분입니다.

프로젝트를 성공시키고 싶다는 사람들이, 왜 더 잘 되기 위한 방법을 알고도 사용하지는 않는지, 전 이해하지 못하겠습니다. 말로는 프로젝트 성공을 시켜야 된다고 말하고, 행동은 그렇지 않습니다. 그래서 전 그들을 이해하지 못하겠습니다.

내 주변에 경쟁사의 첩자들이 많은 것인가요?
첩자라는 것 이외에, 다른 합리적인 근거가 생각나지 않습니다.
그들의 말과 행동이 다르다는 것은 확실합니다.

다른 각도에서 보면, 사람들은 제가 이상한 나라에서 살다가 온 사람으로 생각합니다. 경험한 것들은 이상한 나라가 아니라, 현재의 거짓이 없는 명확한 현실입니다.

다른 사람들이 이런 경험을 하지 못한 이유는, 눈치를 보며, 자신을 드러내지 않았기 때문입니다. 자신을 드러내지 않으면, 현실도 스스로 드러내지 않습니다. 자신의 생각을 가지고, 자신을 드러내어 보시면 됩니다.

제가 말하고 있는 것은 빙산의 일각임을 명확하게 이해하실 수 있을 겁니다.

조조의 진림 칭찬

원소가 조조를 공격할 때, 조조를 향한 토벌문을 진림이 작성합니다. 적군에 대한 토벌문이기 때문에, 조조의 조상으로부터 조조의 험담이 모두 들어있습니다.

조조가 원소에게 승리한 후에, 진림을 잡아서 앞에 세우게 됩니다. 그리고 "좋은 문장이다."라고 칭찬하며, 진림을 신하로 받아들입니다.
많은 사람들이 진림의 솜씨가 뛰어나서 조조가 칭찬했다고 생각하지만, 이것은 조조를 이해하지 못하는 평가로 보입니다.

물론 당시 이름을 날리던 명필 진림의 솜씨가 부족하다는 이야기는 아닙니다. 그러나 실리를 추구하는 조조가 적 진영의 문장가를 칭찬한 이유가 무엇일까요?

실리 추구라는 입장에서 찾아보아야 합니다.
조조는 원소의 아래 있던 문신들이 필요했고, 자신을 모욕한 진림을 용서함으로써 다른 문신들을 포용하려고 했던 것입니다.

원소의 다른 문신들이 보면, 욕하던 진림도 살려주고 벼슬을 주는데, 자신들도 신하로 들어갈 수 있다고 생각할 것입니다. 아마도 조조는 목적은 이것이었을 겁니다.

왕윤의 한계

초선을 통한 계책으로, 여포를 포섭하고, 동탁을 죽이고 실권을 잡습니다. 이때가 왕윤이 원하던 것을 이룬 최고의 행복한 시기가 됩니다. 이런 상황만 될 수 있다면, 모든 것을 버릴 수 있다고 생각을 하던 왕윤인데, 원했던 것을 가졌으나 지키지 못하게 됩니다.

동탁의 부하인 이각과 곽사가 항복을 요청하는데, 이것을 거부하게 됩니다. 결국 이각과 곽사의 병력에 성이 함락되는 결과가 되어 버립니다.

왕윤의 한계를 보이는 장면입니다.

"원수를 용서할 수 없다."라는 명분만 생각하고, 실권을 잡았다고 오판하여, 나락으로 떨어지게 됩니다.

조조나 유비였다면, 대인배의 모습으로 항복을 받아들이고, 나라를 안정시켰을 겁니다. 이런 시나리오가 되면, 한나라가 망하지 않고 한

실 부흥의 기회를 가질 수 있었습니다.

아이러니하게도, 한나라의 멸망을 막을 마지막 찬스는 왕윤이 놓치게 됩니다. 왕윤은, 자신이 그렇게 원했던, 한나라의 부흥을 가져올 마지막 찬스를 잃어버리게 되는 것입니다. 이후로 한나라의 재건의 찬스는 없었습니다.

황제의 성이 함락된 이후 황제는 기반을 잃어버리고 몸을 의탁해야 하는 상황이 되었습니다. 이후 조조와 만나는 장면에서도 가장 필요한 것은 배고픈 황제의 음식일 정도로 몰락합니다.

복수로 인한, 자신이 가진 감정의 편안함을 위해서, 한나라 재건의 찬스는 사라지게 됩니다. 이후 한나라 재건의 찬스는 없으며, 유비에 의한 다른 나라일 뿐입니다.

이릉 공방전을 보면, 유비는 관우의 원수와 싸워서 지고, 오나라와 화친을 받아드립니다. 유비도 죽을 각오로 싸우고 싶었을 것입니다. 그러나 감정의 문제가 아니라 실리의 문제를 받아들이고, 화친을 하게 됩니다. 이런 부분이 보통 사람과 다른 것입니다.

일반적으로 사람은 자신을 감정을 이기지 못하여, 잘못된 판단을 합니다.

조조와 유비의 차이

유비는 충과 의로 천하를 평정하려 했고, 조조는 병력과 지략으로 천하를 평정하려 했습니다.

유비는 충과 의만으로 원하는 바를 이루지 못하였으나,
　　　병력과 지략을 가져서 황제가 되었습니다.

조조는 자신이 통치하는 지역을 안정시키기 위해서,
　　　충과 의가 필요하였습니다.

'충의'만으로도 안되고, '병력과 지략'만으로도 안되는 것입니다. 시작이 다를 뿐, 결국 모두 가져야 천하를 얻을 수 있습니다. 그래서 천하를 얻기는 힘든 것 같습니다.

오나라 합려왕

합려왕이 손무의 군사적 능력을 시험하고자, 궁녀를 훈련 시켜 보라고 하였습니다.

손무는 합려왕의 애첩 둘을 각각 대장으로 세웠으나, 장난처럼 여겨 훈련이 되지 않았습니다. 손무는 군령을 세우기 위해, 합려왕의 부탁을 거절하고, 애첩 둘을 처형하였습니다.

많은 사람들은 여기에서 통솔력의 모범을 보이는 고사라고 이야기합니다. 저는 합려왕이 왜 춘추오패 중 한 명의 패자가 될 수 있었는지에 대한 해답을 봅니다. 그는 자신의 부탁을 무시하고, 자신의 애첩을 죽인 사람을 최측근 장군으로 세우는 리더였습니다.

손무의 군사적 재능만을 보는 것이 아니라, 합려왕의 그릇의 크기를 보아야 합니다.

합려왕은 손무가 없었어도, 다른 인재를 통하여 원하는 것을 이루었을 것입니다.

만인지적 항우가 실패한 이유

중국 역사 속의 유방이 한 나라를 세우는 과정에서, 가장 큰 장애물이 초나라의 항우라는 인물이었습니다. 장기 놀이에 나오는 초와 한 나라를 말하는 시대입니다.

항우는 중국 초나라의 군주로 한나라의 유방과 천하를 놓고 결전을 벌이는 인물입니다. 만인지적, 패왕, 역발산기개세라는 말이 유래가 되는 사람으로 당대 영웅 중 한 명입니다. 천부적인 군사적 재능 또한 가지고 있어서 거병 후 고작 2년 만에 중원을 제패하고 '패왕'이 됩니다.

중원을 제패한 이후, 항우는 결국에 한나라에게 패하여 자결하게 되는데, 왜 실패하게 되었을까요?
여러 가지 원인이 있겠지만, 가장 큰 원인은 사람의 등용에 관련된 것으로 볼 수 있습니다.

'명장 한신을 거두지 못한 것.'

항우가 이기지 못한 장수는 유일하게 한신이었는데, 한신은 처음엔 항우의 진영에 있던 인재였습니다. 그러나 인재를 알아보지 못하고 하찮게 취급하였습니다. 결국 한신은 유방의 진영으로 가서 많은 공적을 세우고, 항우를 몰락시키게 됩니다.
"한신의 업적을 빼면 유방의 한나라 건국은 불가능했다."라는 평가에 이의를 제기하실 분은 없을 것입니다.

항우의 가장 큰 실수 한 가지는 한신을 알아보지 못한 것입니다. 만약 항우가 한신을 알아보고 능력을 인정하였다면, 초나라의 통일은 당연한 것으로 예측이 됩니다.

항우가 한신을 알아보지 못한 것은 항우 또한 너무나 뛰어난 인물이기 때문입니다.

항우는 전승 신화를 쓰고 있었기 때문에 뛰어난 장수의 필요성을 크게 느끼지 못하고 있었던 것이 아닐까 합니다. 만약 항우가 한신의 능력을 존중하였다면 역사는 바뀌었을 것입니다.

사람을 적대할 때

사람을 적으로 대할 때는, 두 가지가 필요합니다.
'감성적인 이유'와 '이성적인 이유'입니다.

사람이 감성과 이성으로 나누어지기 때문에 두 가지가 필요하게 됩니다.
감성적 이유가 없으면, 감성의 적을 만들게 됩니다.
이성적 이유가 없으면, 이성의 적을 만들게 됩니다.
두 가지의 이유가 모두 있어야 완벽하게 상대할 수 있습니다.

이성적인 이유는 사람이 만든 법이나 규칙이며, 이것만으로 부족하다는 것을 명심해야 합니다.

한국 단어의 영어화

영어의 발음 때문에 한국에서는 논란이 있는 경우를 종종 봅니다.

영어 단어 'label'을 읽을 때, '라벨'이 맞는가?
'레이블'이 맞는가?
영어 잘하시는 분들은 '레이블'이 맞다고 하실 겁니다. 원음에 충실한 표현이기 때문입니다. 그러나 외국어의 한국어 표기법을 보시면, '라벨'도 맞는 표현입니다.
한국어로는 '라벨'이라고 하여도 오류는 아니라는 의미도 됩니다.

영어권 국가인 미국이나 영국도 각자 다른 단어를 만들기도 하며, 서로 자신이 만든 단어가 아니면 사용하기를 꺼리기도 합니다.

랩톱(Laptop)은 영국식 단어이며, 노트북(notebook)은 미국식 단어라고 영국인에게 배웠습니다. 쉽게 설명해 드리면, 영국 공항에서 수하물 검사를 할 때는 랩톱이라는 단어를 많이 사용하는 것을 경험합니다. 잘 이해하지 못하면 노트북이라고 변경해서 이야기해 주는 것을 경험할 수 있었습니다.

우리가 각 지방 사투리는 이해하는 것처럼, 발음이 달라도 저건 영국식이니 미국식이니 하면서 서로 구분하면서 이해합니다.

영어 사전을 살펴보면 영국식 발음과 미국식 발음이 각각 표기되어 있는 것을 볼 수 있습니다.

한국식 발음이 추가된다면, 한국식 영어 발음이니 틀리지 않는 것이 될 수도 있습니다. 물론 공용어라는 의미가 퇴색될 수도 있겠습니다. 물론 그 나라에 가면 그 나라 발음과 언어를 쓰는 것이 좋습니다.

한국만의 독특한 단어를 영어의 단어로 등록하는 것이 필요합니다. 이미 많은 단어들이 영국의 옥스포드 사전에 등록이 되었습니다.

ppalli-ppalli(빨리빨리) 도 영국의 옥스포드 사전에 등록이 되었으며, 아래의 단어들도 등록이 되어있습니다.

> kkondae(꼰대), mukbang(먹방), gapjil(갑질), chaebol(재벌), podaegi(포대기), banchan(반찬), oppa (오빠), maknae(막내), aegyo(애교), ho-mi (호미)

영어는 세계의 모든 것을 흡수하는 거대한 바다와 같은 존재입니다. 우리의 단어도 여기에 보내주면 됩니다.

한국만의 독특한 단어를 영어식으로 이해하기 쉽게 설명해 주는 것도 나쁘지는 않지만, 정확한 한국어 단어를 알려 주는 것도 필요합니다.

예를 들면, '코리안 케익'이라고 하면, 이해하기 쉬울 수 있지만 원음을 살려서 알려 주어야, 그 외국인이 다른 한국 사람과 소통을 할 수가 있습니다. 특히 음식에 관련해서는 가능한 원음을 살려서 알려 주어야 합니다.

외국인이 한국에 다시 왔는데, 찹쌀떡이 먹고 싶어서, '코리안 케익'이라 하면, 무엇을 원하는지 명확하게 이해할 수가 없습니다.

외국인이 원하는 것을 다시 찾을 수 있게 정확히 알려 주는 것이 더 나은 방법일 수 있습니다.

케익과 비슷하나 우리는 이것을 '찹쌀떡'이라고 말하고 있다는 설명 정도면 좋을 것 같습니다.

열 여덟이라고 해야지

영원 사원분께 개발한 제품의 판매가를 질문한 적이 있습니다.

"십 팔만 원 정도 됩니다."
"느낌이 좀 이상해, 열 여덟이라고 해야지."
이렇게 답변을 주니, 영업 사원의 웃음이 터져 버렸습니다.

스페인의 장거리 버스

스페인은 열차가 발달한 나라가 아닙니다. 그래서 장거리 버스를 타 본 경험이 있습니다.

약간 앞 좌석에 앉았는데, 승객 의자가 아닌 보조석에 누군가 앉아 있는 것을 보았습니다. 버스 요금을 받을 수 있는 좌석이 아니기 때문에, 그 이유가 궁금했습니다.

2시간 정도마다 휴게소에 정차를 하는데, 그때마다 보조석에 앉아 있던 분이 운전석으로 자리를 바꾸었습니다. 순간 "장거리 운전의 안전을 위해서 교대로 운전을 하고 있구나."하는 생각이 들었습니다.

우리나라를 아직 '열혈'을 강조하고 있는데, 스페인의 장거리 버스는 합리적으로 안전하게 운영하고 있는 것을 보았습니다.

독일 사람은 친절한 사람

일반적으로 독일 사람은 무뚝뚝하다는 이미지를 가지고 있는 것 같습니다. 그러나 유럽 여행에서 실제로 만난 독일 사람은 친절한 분이었습니다.

차를 렌트해서 예약된 숙소를 찾다가 길을 잃었는데, 해가 지고 난 이후여서 곤란한 상황이 되었습니다. 오래전이라 네비게이션 없이 지도로 확인하며 목적지를 찾아야 하는 시기였습니다.

어쩔 수 없이 길을 물어서 찾아가야 하는 상황이 되었는데, 짧은 영어로 목적지를 말하는 수준으로 저의 상황을 이해하신 한 할머니께서 자신의 차를 따라오게 해서 저를 목적지로 안내해 주셨습니다.
정확한 거리를 모르겠지만, 차량으로 10여 분 정도 이동하였습니다.
일반적으로 가지는 생각과 자신의 경험을 근거로 가지게 되는 생각은 다를 수 있습니다. 독일 사람은 저에게 친절한 사람인 것이 분명합니다. 한국에서 반대 상황이었으면, 제가 그렇게 도움을 줄 수 있을지 모르겠습니다. 아마도 힘들 것 같습니다.

스스로 주기 힘든 친절을 받아 보았으니 전 행복한 사람입니다.
서로 다른 차를 운행하며 헤어져서 저에게 친절을 베푸신 분에게 감사를 제대로 전하지도 못했지만, 이 글을 통해서 감사의 표현을 해야겠습니다.

못하는 것을 절대로 말하지 말라

한국 사회에서는 못하는 것을 절대로 말하면 안 됩니다.

이유는 간단합니다.

한국 사람들은 확인하는 것을 좋아합니다.

못하는 것을 꼭 확인하는 한국 사람들입니다.

노래 못하는 사람이라 하면, 기회가 되면 꼭 노래를 시켜 보려고 합니다.

매운 걸 못 먹는 사람이라고 하면, 꼭 먹여보고 싶어 합니다.

"술을 못 먹는다"라고 하면, 다음 회식에서 술을 먹이려는 사람들이 줄을 섭니다. 그리고 "술 못 먹는다고 했지?"라고 말하며, 술잔을 채워 줍니다.

못하는 것을 물어보면, 이렇게 말해야 합니다.

"요리를 못합니다."

먼저 요리를 못하는지 확인하기가 어렵다는 장점이 있습니다. 그리고 야유회를 같이 가서 요리할 일이 생겨도, 스스로 괴로워지는 요리를 시키지는 않으려고 할 것입니다.

언어의 속임수

단어에는 단어 본래의 뜻뿐 아니라, 어떠한 이미지가 있습니다. 이것은 이성이 아니라 감성의 영역입니다.

예를 들면, '사치품'과 '명품'의 차이입니다.

한쪽은 부정적인 면이 강하고, 한쪽은 긍정적인 면이 강합니다. 서로 바꾸어서 사용해도 문법적으로 크게 문제가 없으나 감성적으로는 다릅니다. "사치품 사세요!"라고 하면 사람들은 구매하지 않으려고 할 것입니다.

정부나 단체에서는 단어를 사용할 때 이러한 차이를 잘 알고 있습니다. 우리나라 정부 이야기를 하면, 싫어하시는 분도 있기 때문에 옆 나라인 '일본'의 예를 들어보겠습니다.

먼저 지진 규모를 말하는 방법입니다. 일본은 지진 규모를 말할 때, 국제 규격을 따르지 않습니다. 독립 국가의 결정권에 도덕성을 거론할 필요는 없습니다.

2017년 포항 지진으로 국내는 소란스러웠습니다. 당시 본진 진도는 5.4입니다. 이것을 일본식으로 표시하면, 4정도 밖에 안됩니다. 4정도는 일본에서는 흔한 지진입니다.

2011년 동일본 대지진을 진도 9라고 우리는 알고 있습니다. 이때의 진도 9는 일본식 규격입니다. 이것을 한국식으로 표시하면 12 정도가 됩니다.

진도 9와 진도 12에서 느껴지는 감성은 완전히 다를 겁니다. 한국식으로 바꾸어서 사용하면, 일본이 지진이 많은 나라라는 것을 더 느낄 수 있습니다.

유튜브를 보다가 '방사능 오염수'라는 단어 대신에 '컨트롤 된 물'이라는 단어를 쓴다는 것을 보고 감탄을 합니다. '컨트롤 된 물'이라는 단어에는 무엇인가 안전함이 느껴집니다.

"역시 능력자들은 많습니다!!"

무엇을 배워야 하는가?

취미로 바둑을 즐기고 있는데, 인터넷에서 바둑 강의하시는 분이 이런 말씀을 하셨습니다.

"수를 배우는 것이 아니라, 생각을 배워야 한다."

풀어서 의미를 설명하면, 바둑의 수를 가르치면, 평생을 가르칠 수 있으며, 제자를 잡아 둘 수 있으며, 생각을 가르치면 스스로 깨닫게 되고, 가르쳐야 할 것이 많지 않습니다.
물고기를 잡는 법을 알려서 주는 것이 더 중요하다는 것과 같습니다.

프로그램 분야도 이런 것들이 보이는 것 같습니다.
코딩 방법, 디자인 패턴, 어려운 기교…. 이런 것들은 평생을 배워도

다 배울 수 없습니다. 새로운 것들이 계속해서 나오고 있습니다.

실제 실무에서 분야별로 사용하는 것들은 한정이 되어있습니다. 모든 분야를 다 알기만 하는 것은 실제로 실전에 쓸 아무런 무기도 없다는 것과 같습니다.

어려운 것을 배우는 것은 어려움을 헤쳐나기 위한 내공을 쌓으려는 것이지, 어려운 기교를 배우려는 것이 목적이 아니어야 합니다.

배우이며, 무술가인 이소룡(Bruce Lee)은 이렇게 말했습니다.

"천 개의 발차기를 아는 사람은 무섭지 않으나, 하나의 발차기를 천 번 연습한 사람은 무섭다."

발차기 종류 천 가지를 설명하는 사람은 많이 아는 것이 맞으나, 실전에서는 하나의 발차기를 맞고 쓰러질 수 있습니다.

이슈 분석과 수정 방안에 대해서 후배들에게 설명 후, 이렇게 말해주는 경우가 종종 있습니다.

"내가 설명한 것 중에 너희가 모르는 이론 있어?"

"이론을 아는 것이 중요한 것이 아니라, 실무에서 사용할 수 있는지가 중요한 거야.""

너무나 리얼한 예가 있습니다.

'멀티 쓰레드'를 설명하라고 하면, 누구나 설명을 잘합니다.

하지만 실무에서 '멀티 쓰레드' 이슈가 발생하면, 어떻게 될까요?

대부분의 개발자는 "재현이 안된다.", "내 이슈가 아니다."라고 말하고 분석을 하려고 하지 않으려는 경우가 종종 있습니다. '멀티 쓰레드'는 잘 알지만, 실무에서는 사용하지 못할 수도 있다는 것이 현실입니다.

대기업에서 어려운 오류 분석을 완료했을 때, 그것을 이해하는 사람이 몇 명이 있을까요?

발생 원인, 해결 방법에 대해서 이해하는 사람은 소수에 불과합니다. 대부분은 "현상이 수정되었다"라고 만 알고 있으면서, 자신은 잘 알고 있다고 착각을 합니다.

오래 했다고 잘하는 것은 아니다

업무 능력을 평가할 때, 얼마나 오래 했느냐를 중요 포인트로 많이 생각합니다. 이것이 명확한 객관적인 평가이기 때문입니다.

그러나 객관적인 평가를 위해서 기준을 잘못 정하면 반대로 비객관적인 결과가 나올 수 있습니다.

프로 운동선수를 보시면 됩니다.
오래 했다고 잘하는 것이 맞습니까?
실적이 필요한 운동선수들은 경력의 기간이 아니라, 실질적인 능력을 평가합니다.

몸의 근육을 사용하는 것이기 때문에, 직장 상황과 비교하기에 적절하지 않을 수 있다고 생각하시면, 두뇌 스포츠라 불리는 프로 바둑의 예를 알려 드립니다.

프로 바둑을 보아도 오래 했다고 잘한다는 근거는 어디에도 없습니다. 물론 일정 기간의 훈련 시간은 필요하나, 그 시간을 넘어서면 더 이상 큰 의미는 없습니다. 심지어 학업을 포기하고, 프로 바둑 기사가 되기 위해서 모든 것을 바쳐도, 정상에 이루지 못하는 사람들이 더 많습니다.

오래 했다고 잘하는 것인지, 재평가가 필요합니다.

하나씩 처리하라

여러 가지 업무가 겹치면, 생각만 많아지다가 하나도 마무리하지 못하는 경우가 생깁니다. 이것은 저의 단점 중 하나입니다.

저에게만 한정된 것이 아니라, 다른 분도 이런 것을 종종 봅니다. 이럴 때는 하나만 집중해서 처리해야 합니다.

주간 업무 보고도 한 주 동안 몇 개를 처리했다고 보고하면 충분합니다. 모두 처리하지 못하는 것이 당연할 수 있습니다.

저는 가능하면 후배들에게는 업무를 하나만 주려고 합니다.

주가 보고서에 너무 많은 업무를 나열하면, "이것이 일주일 업무냐?"라고 반문을 합니다.

급한 순서대로 꼭 해야 할 일을 먼저 정하라고 충고하고, 다음 주에 반드시 할 업무와 다음 업무를 정하게 합니다.

사소하게 보이지만, 업무가 진행되지 않는 것에는 심리적인 이유도 분명하게 있습니다.

여러 업무를 동시에 진행하지 못하므로, 급한 순서대로 처리해가면 집중이 잘되어 처리 속도가 더 빨라지는 것을 느끼기도 합니다.

업무 상황이 혼란스럽고 집중이 안 될 때, 하나씩 업무를 하는 것도 중요한 포인트라고 생각합니다.

판사를 못 믿는 이유

정의를 수호하기 위해 법이 만들어지지만, 만들어진 법은 완벽하지 않습니다.

판사님은 완벽하지도 않은 법을 수호하는 사람이며, 제가 생각하는 정의를 지키는 사람은 아닙니다. 그래서 전 판사님을 절대적으로 믿지는 않습니다.

만들어진 법의 한 글자 한 글자에 묶여 있는 존재를 어떻게 믿기만 할 수 있을까요?

정의라는 단어는 같으나, 다른 정의를 생각하고 있다는 것도 고려해야 합니다.
판사님들이 생각하는 것은 '법정의 정의'이며, 우리가 생각하는 것은 '진정한 정의'입니다. 증거가 없다면, 판사님들은 어떠한 판결도 할 수가 없습니다. 법에서 말하는 정의를 실현하는 것이며, 진정한 정의가 법원에서 실현될 수 없습니다.

법이 완벽하다고 말할 수 있는 사람이 있을까요?
완벽하다면, 수정할 필요도 없어야 합니다. 더 추가하거나 뺄 것도 없고, 수정이 불필요한 상태의 법은 존재하지 않습니다. 더구나 시대의 흐름에 따라서 수정이 되는 것이 법입니다.

법은 성문법과 불문법으로 분류가 되기도 하며, 성문법을 거쳐서, 불문법으로 발전되어야 하지 않을까 합니다.
어느 법이 더 우수하다의 문제가 아니라, 그것을 사용하는 사람들의 수용 가능한 법이 어느 것인지의 선택입니다.

아쉽지만 대한민국은 아직 성문법이 더 적합하다고 생각합니다. 성문법으로도 이렇게 혼란스러운데, 불문법을 적용하면 더 혼란할 것으로 생각이 됩니다.

인공지능 이후 바둑의 관전 모습 변화

90년대 바둑 해설을 보면, 해설자가 이런 말을 종종 했습니다.
"다음 수를 보시죠."
해설자보다 더 고수가 대결을 펼치고 있으니, 해설자가 이해를 못하고 결과를 확인한 후에, 결과에 따라서 평가를 할 수 있었습니다.
인공지능이 일반화된 이후, 관전자는 인공지능을 보면서 누가 유리한지 이미 알고 있습니다. 인공지능의 평가를 누구도 반박하지 못합니다. 인공지능이 더 고수이기 때문입니다.

과거에는 묘수를 내는 것을 관전하였고, 현재는 실수하지 않기를 바라는 마음으로 관전하고 있습니다.(최선의 수를 이미 인공지능으로 관전자는 알고 있음.)

투기와 투자의 차이

투기와 투자는 돈을 더 벌려는 것이라는 목적이 같고, 행위도 크게 차이 나지 않습니다. 그럼 어떻게 구분해야 할까요?

하나는 부정적 의미를 가지고, 하나는 좋은 것이라는 느낌을 가지고 있습니다.

하지만 제가 제시하는 기준은 '위험성을 알고 있었느냐?'입니다. 위험하다고 모두 투기라고 할 수는 없습니다. 위험을 감수하고 얻어낼 이익이 크다고 판단하면, 투기가 아니라 투자를 할 수도 있습니다. 위험성을 모르면, 투자가 아니라 투기를 한 것입니다.

아래와 같이 정리할 수 있습니다.
실패했을 때, 스스로를 탓하면, '투자'
        남을 탓하면, '투기'

성공했을 때, 적법하면 '투자'
        불법이면 '범죄'

한국 사람들의 보안 의식

외국 분들은 한국 사람들이 카드 서명을 하는 것을 보면 이상하게 생각합니다. 선 하나를 긋는 서명도 있고, 심지어 식당 주인께서 대리 서명을 하기도 합니다. 외국인이 이상하게 생각하는 것은, 한국인들의 '개인 정보 보호'를 이해하지 못했기 때문입니다.

한국인들은 자신의 서명이 중요한 개인 정보라는 것을 알고 있습니다. 그래서 철저하게 자신의 서명을 노출되지 않게 보호하려고 합니다.

신용카드로 식당에서 소액 결제를 할 때는, 진짜 서명을 하지 않습니다. 심지어 식당 주인께서 직접 대리 서명을 하여, 개인 정보 보호를 도와주시기도 합니다. 이런 대리 서명은 보통 선이 하나 그어져 있는 경우가 많습니다.

물론 신용카드 회사에서도 이것을 알고 있기 때문에 이슈로 삼지 않습니다.

은행 방문 등 중요한 상황에서는 자신의 진짜 서명을 합니다. 이렇게 한국인들은 '개인 정보 보호'를 철저히 하고 있습니다.

땅을 파면 돈이 나오냐 쌀이 나오냐

어릴 때 많이 듣던 말인데, 잘못된 말인 것 같습니다.

그리스 신화에 나오는 지옥의 신인 하데스는 땅속을 주관합니다. 지하에 매장된 보물의 주인으로 '부의 신'이라고 합니다.

신화 속의 이야기가 아니더라도, 현재에도 땅을 파는 직업이 있습니다.

'광부'

땅속에는 석유, 금, 은 보석, 여러 가지 자원이 있습니다. '땅을 잘 파면 돈이 나온다'가 정확한 표현입니다. 능력이 안 되어서 땅을 잘 못 파기 때문에, 돈이 되지 않을 뿐입니다.

광부의 직업을 무시하는 잘못된 말은 사용을 자제해야 합니다. 아래와 같이 수정되어야 합니다.

능력이 안 되니, 땅을 파도 돈이 안 되지 !!!
이렇게 하면, 광부님들의 능력을 인정하는 말도 됩니다.
"너도 광부냐?"
이것도 좋을 듯합니다.

벌거벗은 임금님은 어른들을 위한 동화이다

동화 속에서, 벌거벗은 임금님을 보고 아이들은 "벌거벗었다"고 솔직하게 본 그대로를 말합니다.
어른들은 반대로 자신이 본 것을 말하지 않고, 거짓말을 합니다. 이 것이 동화 속의 이야기일까요?
현실 속의 자신이 어떤지 돌아보면 됩니다.

동화 속에서도 잘하고 있고, 이미 잘하고 있는 아이들은 이 동화를 볼 필요가 없습니다.

동화 속에서 거짓말을 하는 어른을 보고, 현실의 어른들이 자신을 돌아봐야 합니다.

어른들이 보고 배워야 하는 내용이 있을 뿐입니다.

아이들은 현실과 같은 동화 속 어른들의 행동을 보고 웃고, 어른들은 아이들을 위한 것으로 착각을 합니다.

아이들이 "왜 어른들은 거짓말을 해?"라고 물어보면, 무엇이라 답을 해 주어야 할지 모르겠습니다.

"동화 속에서만 그래."라고 말하며, 아이를 속여야 할 것 같습니다.

The naked king

In a fairy tale,

Seeing the naked king, the children say honestly that they are "naked naked."

Adults lie on the contrary.

Is this a fairy tale story?

Look ack at yourself in reality.

They are doing well in fairy tales,

Children who are already doing well do not need to watch this fairy tale.

Seeing an adult lying in a fairy tale,

Real adults have to look back on themselves.

There are only things that adults need to see and learn.

Children laugh at the behavior of adults in real-life fairy tales,

Adults mistake it for children.

When children ask, "Why do adults lie?"

I don't know what to answer.

They say, "It's only in fairy tales," and I think I have to trick my child.

불교에서 말하는 인연을 끊는 것

불교의 최종 목적은 '해탈'입니다.

불교에 따르면, 인간은 태어나고 죽고, 다시 태어나는 것을 반복하는데 이것을 '윤회'라고 하며 고통스러운 것으로 표현합니다. 이 윤회를 끊어내는 것을 '해탈'이라고 표현을 합니다.

　인연을 끊는 방법은 '나쁜 인연'을 끊어내는 것입니다. '좋은 인연'을 끊으라는 것은 아닙니다.
　불교에서는 '좋은 인연'을 '공덕'이라고 표현하며, 인연과 다른 단어로 분리하였습니다.

　'좋은 인연'을 뺀 나머지 인연은 '나쁜 인연'이 됩니다. 그래서 '나쁜 인연'을 끊어내야 하는 것입니다. 확대해서 해석해보면, '모든 인연을 끊어라'는 것은 '모든 나쁜 인연을 끊어내라'는 의미로 해석해 볼 수 있습니다.

　일부러 이해하기 어렵게 숨겨둔 것일 수도 있습니다. 그러나 단어를 풀어보면 간단하게 이해할 수가 있습니다.

　'인연을 끊어라' 할 때의 인연은 '나쁜 인연'을 말하는 것이며, '공덕을 쌓아라' 할 때의 인연은 '좋은 인연'을 말하는 것입니다.

　'인연'이라는 단어에 너무 '집착'하여, '좋은 인연'까지 경계하는 것인지 모르겠습니다. 그래서 불교에서는 '집착'을 버리라고 하며, 힌트를 주고 있는 것인가요?

불교의 성인들은 장난꾸러기 같습니다. 어렵게 숨겨두고, 힌트도 강하게 주고 있습니다.

윤회를 끊어내는 방법은 '해탈' 이외에 다른 방법도 있습니다. 그 방법은 늙지 않기 때문에 죽지 않는 '신선'이 되는 것입니다.

해탈은 다시 태어나는 것을 막는 방법이며, 신선은 죽는 것을 막는 방법이 됩니다.

윤회는 태어나고 죽는 것의 반복이기 때문에 연결 고리를 끊어내는 두 가지 방법이 생기게 됩니다.

정리하면, 윤회를 벗어나는 방법은 두 가지가 있습니다.

나쁜 인연을 끊어내는 방법

신선이 되어서 죽지 않는 방법

불교의 인연에 대해서 고민한 계기

불교에서 말하는 인연이 나쁜 인연이라고 생각하는 과정에 대한 설명입니다.

공덕을 좋은 인연으로 바꾸어 보면, "인연을 끊어라."와 "공덕을 쌓아라."는 두 문장이 충돌이 나고 있다는 것을 생각할 수 있습니다. 두 문장은 불교에서 중요한 가르침입니다.

공덕을 쌓는 것도 분명하게 인연을 만드는 것입니다.
충돌의 원인을 분석해 보면, 인연이라는 단어에 두 가지 의미가 있다는 것을 알 수 있습니다.

아래와 같이 불교에서 말하는 인연은 '나쁜 인연'이라고 정의를 하면 충돌을 피할 수 있습니다.

(불교에서 쌓는 인연) = (공덕) = (좋은 인연)
(불교에서의 끊는 인연) = (모든 인연) - 공덕(좋은 인연) = (나쁜 인연)

좋은 인연을 공덕이라고 표현하면, 공덕을 쌓아야 한다는 것도 설명이 가능해집니다.

가족은 나쁜 인연인가

종교에 귀의한 사람이 결혼하는 것에 대해서 부정적으로 보고 금기하는 경향이 있습니다. 이러한 경향이 생기는 것은 자식에 대한 애정으로 여러 가지 문제가 발생하는 것이 원인이 될 것 같습니다.

자녀가 있다면, 자녀에게 물려 주어야 하기 때문에 재물을 탐하는 경향이 생기기 쉽습니다. 이것은 그 사람이 악해서가 아니라, 인간의 하나의 본성인 것입니다.

가족과 자녀가 나쁜 인연인 것이 아니라, 인간의 본성이 문제인 것입니다.

고대 철학자들도 사회 문제의 원인 중 하나는 자녀에게 상속하려는 것 때문이라고 지적을 하기도 했습니다.

'삶의 무게'와 해방

삶이 힘들다는 것을 느끼면, '삶의 무게'를 알게 된 것입니다.

나이가 많다고 어른이 아니라, '삶의 무게'를 알게 되는 순간부터 어른이 됩니다. 행복해 보이는 모든 어른들도 이 무게를 버티면서 살아갑니다.

소년 소녀 가장에게는, '이미 어른이다'라는 표현을 사용합니다. 소년 소녀 가장들은 이미 '삶의 무게'를 느끼고 알고 있기 때문입니다.

죽음 이외에 '삶의 무게'에서 벗어 나는 방법은 없습니다. 삶의 무게에서 스스로 벗어나는 것은 진정한 해방이 아니며, 한 인간의 사명을 버린 것입니다.

삶의 무게를 버티며, 외부의 요인으로 인하여, 나의 의지와 상관없이 '삶의 무게'를 벗어나는 것이, 삶의 무게로부터 '진정한 해방'입니다.

물론 타인을 위한 숭고한 희생에는 예외로 두어야겠습니다. 스스로 죽음을 바란 것이 아니라, 타인을 위한 것이기 때문입니다.

인간은 삶의 무게로부터 진정한 해방까지 버텨야 하는 사명을 가지고 태어납니다.

독일 철학자 비트겐슈타인은 이런 일화를 남겼습니다.
"암으로 인해 살 수 있는 날이 얼마 남지 않았습니다."라는 의사의 말을 듣고, "아주 좋습니다."라고 답변을 합니다.

삶의 무게로부터 진정한 해방이 왔음을 알게 되어 기뻐한 것일 수 있을 겁니다.

인간의 나약함인가

대전제
신은 "'삶의 무게'를 감당하지 못하는 시련을 주지 않는다."

소전제
'삶의 무게'를 감당하지 못한 사람을 우리는 알고 있다.

결론
신은 감당하지 못하는 시련을 주는 실수를 하였다.

대전제의 오류로 신께서 감당하지 못하는 시련을 주는 것인지 아니면, 인간의 나약함이 원인이 되는 것인지의 판단은 개인적인 부분으로 남겨 두어야겠습니다.

미신과 과학의 구분

세상의 모든 것은, 이성을 가지고 있으나 비이성적인 인간이 포함되면 변하게 됩니다. 과학과 미신의 구분도 마찬가지입니다.

일반적으로 기우제는 미신이라고 말합니다.

옛날 사람들은 기우제를 지내면 비가 내린다고 믿고 있었습니다. 그러면, 기우제를 지내서 백성에게 용기를 주고, 희망을 주는 것이 미신인지 생각해 보아야 합니다.

비를 내리는 것이 목적이 아니라, '백성의 마음을 다스리는 것'이라 하면, 오히려 '과학'이 됩니다.

새벽에 어머니께서 물 하나 떠서 자식의 성공을 비는 것은 미신이라고 합니다. 자식은 어머니가 새벽에 고생하는 것을 보고, 더 열심히 공부하려는 의지가 생깁니다. 이러한 의지는 자식의 성공 가능성을 높여 주게 됩니다. 자식에게 자극을 주어 성공 가능성을 높여 주는 어머니의 행위는 미신이라고 평가하기 어렵게 됩니다.

현재에는 자식들이 미신이라고 생각하기 때문에 효과가 없을 수 있으나, 과거에는 많은 성공 사례로 증명된 과학적인 행위가 될 수 있습니다.

현재는 과학이나 미래에는 미신으로 평가될 것들이 많이 있습니다. 직장 생활에서 개인적인 대응 방법이나 회사에서 직원을 관리하는 방법 그리고 직장 이외의 대인 관계에서 대처 방법들은 지금의 사람에게 맞는 방식이며, 미래에는 적합하지 않은 방법으로 미신이 될 수 있습니다. 이런 것들은 인간과 밀접한 과학이기 때문입니다.

정리하면,

미신과 과학은 시대에 따라서 달라질 수 있습니다.

현재의 과학도 미래에는 미신이 될 수 있습니다.

미신과 과학을 따지는 것이 아니라, 효과가 있는지만 평가해 보면 됩니다.

많은 것을 알게만 하는 교육

우리는 많이 알게 하는 교육을 하고 있습니다. 이런 교육을 하는 이유는 간단합니다. 시험에 좋은 성적을 받기 위해서, 유리하기 때문입니다.

자신이 잘 알고 있다고 생각하여, 깊이 이해하기 위해서 고민하지 않습니다. 정확한 이해가 아닌 알려고 만 하는 잘못된 습관이 생기기도 합니다.

아무리 많이 알아도, 정확하게 이해하지 않으면, 그 지식은 사용할 수가 없습니다. 현재로부터 한 단계 더 나아가기 위해서는 깊게 이해해야 합니다. 완전하게 이해하면, 현재의 모순이 보이고, 스스로 다음 단계로 나아갈 수 있습니다.

알고 있는 두 가지를 조합하면 새로운 것을 만들 수도 있습니다. 조합을 못 하는 이유는 알고 있다고, 착각하여 완전하게 이해하지 못했기 때문일 수 있습니다.

알고 있다는 착각을 버리지 않으면, 나아갈 수 없습니다.
스스로 나아가지 못한다는 것은 남의 생각을 배우는 것은 가능하나 스스로 생각을 하지 못한다는 것입니다.

스스로 판단하고, 결정하기 위해서는 스스로 고민하여 깊게 이해해야 합니다.

교육의 방향의 오류

일반적으로 보편적 법칙을 알려주고, 개별적 사실을 설명하는 방법으로 교육을 합니다. 이것은 반대로 되어야 합니다. 여러 사실들을 알려주고, 이것으로부터 보편적 법칙을 찾는 방법으로 교육을 해야 합니다.

단편적인 사실 또는 정보로부터 보편적 법칙을 찾아내는 것이, 실제 해야 하는 활동입니다. 뛰어난 사람들은 스스로 깨닫게 되지만, 방향을 다르게 배웠기에 이것이 쉽지 않습니다.

인간의 몸의 근육이 미는 근육과 당기는 근육이 다르듯이 방향이 다르면, 생각하는 방법도 다르게 됩니다.

무의식적으로 우리는 새로운 것을 보면, 알고 있는 기존의 원리로만 설명하려고 합니다. 알고 있는 원리로 설명이 되지 않으면 더 나아가지 못하는 경우가 많습니다. 이렇게 교육받았기 때문입니다.

더 나아가기 위해서는 기존 원리를 깨고 새로운 원리를 만들어야 할 수도 있습니다.

생각의 방향이 중요한 다른 이유는 현재 우리가 알고 있는 보편적인 법칙이 영원한 진리라는 확증이 없기 때문입니다.

교육으로 선입관이 생기면, 좋은 사고를 하기 어려워질 수 있습니다. 우리가 위대하다고 평가받은 이론이나 생각들은 기존의 원리를 깨고 새로운 것을 만든 것입니다.

진리라고 믿었던 것들은 계속해서 수정되어 왔습니다.
현재 우리가 진리라고 생각하는 것들은 과거에는 혁명적인 생각과 이론이었습니다.

미래에는 현재 우리가 진리라고 생각한 것들이 얼마나 유지 되고 있을지 모르겠습니다. 아마도 대부분이 바뀔 것으로 보입니다.

인류의 발전은 기존의 잘못된 생각을 고치는 것에서 시작했습니다.

우리가 현재 옳다고 확신하는 것들이 100년 후에도 유지될지 아무도 모릅니다.

100년 전 인류가 진리라고 확신한 것들이 이미 많이 수정되었습니다.

세상은 변하는가, 변하지 않는가

'세상은 변한다'고 하고, '변하지 않는다'라고도 합니다.

세상이 변하는지 반대로 변하지 않는지에 대해서 생각해 보려고 합니다.

결론부터 이야기하면, 세상은 근본적으로는 변하지 않고, 표현의 부분은 변하고 있습니다.

변하지 않는 근본적인 것은 인간의 내면이나 특정한 규칙을 말하며, 변하는 표현은 관습과 규범을 말합니다.

어진 마음은 과거에 노예를 잘 먹이고 쉬게 하는 것으로 표현했고, 현재는 노예 제도를 인정하지 않는 것으로 표현합니다. 어진 마음은 인간의 내면이며, 변하지 않은 것입니다. 시대가 변함으로 표현하는 방법이 달라지며, 이러한 표현은 변하게 됩니다.

우리가 아는 과거의 대부분의 위인들은 노비나 노예를 인정한 분들입니다. 현재의 사상을 기준으로 그분들을 평가할 수는 없습니다.

시대에 따라서 표현이 변해야 하는 것을 의미하며, 과거의 표현을 비난만 할 수도 없습니다. 과거의 표현이 지금은 이상하게 느껴질 수 있으나, 과거에는 정당한 것이었습니다.

기근과 흉년이 나면, 과거에는 왕의 책임이었고, 왕이 바뀌기도 했습니다. 현재도 국민이 살기 힘들어지면, 정권이 바뀌는 것은 동일합니다. 기근과 흉년을 왕의 책임으로 하는 것은 과거의 불합리한 관습이었다고 말하면서, 현재도, 외부 상황으로 어쩔 수 없어도, 현재 정부에게 책임을 돌립니다.
"백성이 살기 어려워지면, 불만이 표출된다"라는 것은 변하지 않았고, 왕이 바뀌는지, 정권이 바뀌는지 표현만 바뀐 것입니다.

군사 분야의 전략과 전술도 근본은 변하지 않습니다. 유리한 진형으로 상대를 공격하는 것입니다.

환경, 무기 또는 상대의 움직임에 따라서 표현만 달라질 뿐입니다. 여러 고전 병법서들이 아직도 언급되는 이유는 근본적인 부분은 변하지 않기 때문입니다.

세상은 불공평하다

세상이 공평하다고 주장하는 사람을, 저는 이해하지 못하겠습니다.

"세상은 불공평합니다."

권력자의 집, 부자의 집, 중산층, 하층민…… 이러한 신분에 따라 기회 자체가 달라집니다. 경험의 기회가 달라지고, 배움의 기회가 달라지고, 시도할 수 있는 기회가 달라집니다.

인간은 태어날 때가 아니라, 태어나기 전부터 불공평하다고 할 수 있습니다. 어떤 사람은 태어나기 전에 굶주리는 어머니를 만나고, 어떤 사람은 그렇지 않습니다. 이것만 해도 태어나기 전부터 환경이 다른 것입니다.

태아에게 좋은 효과를 주기 위해서 태교를 하는데, 이때 불공평은 시작이 되는 것입니다.

예외가 있기는 합니다. 공평하게 적용되는 것이 딱 하나가 있습니다. 죽음에 이르면, 공평해집니다.

"세상은 태어나기 전부터 불공평하고, 죽음에 이르면 공평해집니다."

세상이 불공평하다는 것을 빨리 이해하고, 내가 할 수 있는 무엇을 할 것인지만을 고민하면 됩니다.

세상의 혼란

독재자는 스스로 완전한 존재라고 생각하여, 아무런 제재를 받으려 하지 않습니다.

그래서 혼란스럽습니다.

자신의 이론이나 생각이 옳다고 생각하여, 다른 사람의 의견에 귀를 기울이지 않습니다.

그래서 혼란스럽습니다.

자신이 지지하는 것이 옳다고만 생각하여, 잘못도 있음을 보지 못합니다.

그래서 혼란스럽습니다.

인간의 세상은 '인간 스스로 불완전한 존재라는 것을 망각'하여, 혼란스럽습니다.

집단 전체를 비난하지 말라

잘못을 지적할 때, 집단 속해있는 개인의 잘못을 집단 전체의 잘못으로 비난하는 것을 종종 봅니다. 이것은 명백한 실수이며, 이유는 아래와 같습니다.

① 목적은 잘못을 지적하는 것인데, 집단의 반발을 가져와서 원하는 바를 이루지 못합니다.

② 집단의 반발로 잘못한 개인을 두둔하게 되며, 이 또한 목적을 이루지 못하는 결과가 됩니다.

③ 집단 전체의 반발로 역공을 당하게 되는데, 감당하기 어렵고, 손해가 발생할 수 있습니다.

잘못한 특정 개인을 비난하는 것이 필요하며, 아래와 같이 차이가 나게 됩니다.

① 특정 개인의 잘못을 지적한 것으로, 속한 집단에서도 그 개인

을 적극적으로 변호하지 않습니다.

② 집단의 보호를 받지 못하므로, 궁지에 몰려서 잘못을 인정할 가능성이 크게 됩니다.

③ 잘못한 개인이 속한 집단에서는, 잘못한 사람에게 경고하게 될 가능성이 크며, 역공할 가능성이 적습니다.

물론 집단 전체를 비난해야 하는 경우도 있겠지만, 집단 전체를 비난하면 좋은 결과를 얻기 힘듭니다. 잘못이 있는 개인을 비난해야 좋은 결과를 만들기 쉽습니다.

목적이 무엇인지 정확히 파악하여, 원하는 결과를 얻으려고 하는 것이 필요합니다.

특정 종교적인 문제가 있을 때 전체를 비난하는 것이 아니라, 잘못한 개인을 비난해야 합니다. 특정 종교 전체를 비난해서는 목적을 이루기 어렵습니다.

특정 정치인을 비난하여야 하면, 그가 속한 정당 전체를 비난해서는 원하는 결과를 얻기 어렵습니다.

회사에서 문제가 발생했을 때 회사 전체를 비난하는 것이 아니라, 잘못한 특정인을 지적해야 합니다.

법적으로 문제가 없다

"법적으로 문제가 없다."는 말은 "최소 조건을 만족하였으며, 존경을 받지 않아도 된다."는 말이라 생각을 해야 합니다.
스스로 존중을 받고 싶으면 도덕적인 책임까지 다해야 합니다.

법원에 제출할 증거가 없어서, 법적인 문제가 없을 수 있습니다. 법의 처벌은 받지 않지만, 진실은 모른다는 것이 될 수도 있습니다.

"법적으로 문제가 없다."는 말은 참으로 교묘한 말입니다.
'했다', '안 했다'라고 명확하게 언급하면, 나중에 책임이 따를 수 있지만, "법적으로 문제가 없다."는 말은 이후에 아무런 책임을 질 필요가 없습니다.

자기의 행동을 이야기하지 않고, 답변을 피하는 교묘한 묘수가 되는 것입니다. 판사도 아닌 사람의 법적 판단에 어떤 책임이 있을 수 없습니다.

우리 사회는 '도덕'과 멀어지고, 법적인 판단을 우리의 생활의 기준으로 정하는 것으로 바뀌는 느낌을 받습니다.

법을 판단의 기준으로 하는 이유는 '돈'의 책임 유무일 수도 있습니다.
법적으로 문제가 되면, 금전의 책임도 따르게 됩니다.
결국 '돈' 중심의 세상에는 도덕보다 법이 중심에 놓이게 바뀌는 것이 당연한 것이 될 수도 있습니다.

거짓말하는 사회

어렸을 시기에는 사람들이 거짓말을 잘하지 못했으나, 지금은 거짓이 판을 칩니다. 거짓이 판을 치니 거짓을 증명하기 위한 방법들도 일반화되었습니다.
대표적인 것이 차량에 설치하는 블랙박스입니다.

능동적 거짓말과 수동적 거짓말

거짓말을 상황에 따라서 두 가지로 구분해 보았습니다.
'능동적 거짓말'과 '수동적 거짓말'이다.

대응을 압박을 받는 상황에서 적절한 수준의 거짓말은 누구나 해본 경험이 있을 겁니다. 이것은 '수동적 거짓말'이라 표현하고 싶습니다. 물론 타인에게 치명적인 결과를 만드는 거짓말을 해서는 안 되고, 압박을 벗어나기 위한 수준이면, 살아가는 요령이며, 이것을 심판할 자격을 가진 사람은 없을 겁니다.

'능동적 거짓말'은 스스로 적극적으로 거짓을 말하는 것입니다. 타인에게 치명적인 거짓말을 하는 것은 성경에서도 십계명에 두어 엄격하게 금기시합니다.
"거짓 증언을 하지 말라."

개인 방송의 필요성

개인 방송이 영향력을 가지려면 정보의 진실성이 확보되어야 합니다.

먼저 개인 방송을 신뢰할 수 있는지에 대해서 고민해 보아야 합니다. 정부 주관의 언론사들은 정부의 방향과 일치하는 방향으로 가는 경우가 대부분이며, 방향이 다르면 직접적으로 언급을 회피하는 경우가 많습니다. 그러나 개인 방송에서는 이런 주제에 대하여 보다 자유롭게 이야기할 가능성이 큽니다.

개인 방송에서 거짓이 드러나면, 신뢰를 잃어버려 실질적으로 퇴출될 수 있으며, 이러한 위험성으로 어떤 판매 인플루언서(Influencer)는 "제 인생을 걸고 소개합니다."라고 말을 하기도 합니다.

그리고 개인 방송이 유명해지면 많은 사람들에게 철저하게 검증을 당하게 되며, 이것을 통과하지 못하면 한순간에 몰락할 수도 있습니다. 이것이 개인 방송이 신뢰성을 가질 수 있는 근거가 될 수 있을 겁니다.

개인 방송이 필요한 이유 중 하나는 정보의 다양성입니다. 대형 방송사에서는 방송 시간 문제로 많은 사건 중 일부만을 방송하게 됩니다. 결국 다양한 사건과 주제가 다루어지기 어려운 구조입니다.

정보의 중요성은 확정되지 않은 상태에서 미래를 먼저 예측하는 것이 중요한 부분입니다. 더 많은 정보를 가지면 유리한 것이 당연합니다. "큰 사건이 일어나기 전에 작은 사건이 일어난다."라고 하였으니, 작은 것들도 눈여겨보아야 합니다.

통신의 발달(인터넷, 개인 방송)로 정보를 독점하고 배포하는 권력은 무너졌습니다. 이러한 결과로 많은 다양한 의견들이 서로 교류되며, 사회의 다양성은 증가되어 가고 있습니다. 어쩌면 사회가 다양해졌기 때문에 이러한 것들이 필요하며, 많이 사용된다고 해석할 수도 있을 겁니다.

최고가 되는 방법

최고를 목표로 해서 나아가야 정상에 도달할 수 있습니다.
"이 정도 하면 되었다."라고 생각하는 순간, 최고는 될 수 없습니다. 다른 사람의 "잘했다."라는 말에 만족하지 말고, 스스로의 목표에 도달했는지만 생각해야 합니다.

내가 만족하지 못해서 계속 나아갈 뿐입니다.

가장 높은 산에 오르기 위해서는, 가장 높은 산을 향해 계속 나아가야 합니다. 관광지를 오를 때는 옆에 많은 사람이 있지만, 최고를 목표로 할 때는 홀로 있게 되는 경우가 더 많습니다.

가장 높은 산에 올라서 보는 것이 다르듯이, 최고가 되는 순간 다른 사람이 보지 못한 것을 볼 수도 있을 것입니다.

독보적인 한국의 위인

세종대왕님의 경우 한글 창제의 업적이 있으며, 역사상 독창적인 문자를 만들어낸 기록된 유일한 인물입니다.

즉 비교 대상이 전 세계의 역사를 통해서 없습니다. 물론 알파벳이 인류에게 가장 영향력이 큰 문자이지만 알파벳의 경우 시작이 어떻게 이루어졌는지 명확한 기록이 없습니다.

이순신 장군님의 경우, 인류 역사상 최고의 해군 전략가로 평가를 할 수 있습니다.

육지의 전투에서는 쟁쟁한 다른 영웅들이 있지만 해전에서는 이순신 장군님과 비교할 업적을 가진 사람을 찾기 어렵습니다.

해전에서 여러 번 승리한 인물이 적은 이유는 해전은 패배한 쪽이 한 번에 괴멸 상태에 빠지는 경우가 대부분입니다. 즉 해전에서 의미가 있는 2차 전이나 3차 전이 일어나기 어렵습니다.

조선말에 중국이나 러시아도 일본과 한 번의 큰 해전으로 해전의 승부가 결정되었습니다.

스페인의 무적함대도 영국과 대규모의 전투 패배 후, 의미 있는 대규모 전투를 하지 못합니다. 현대에도 항공모함을 2척 이상 보유한 나라는 얼마 되지 않습니다.

이순신 장군님의 연승을 반대로 설명하면 당시 일본의 해군력이 어마어마한 것입니다. 당시 전쟁 결과를 보면, 어른이 애들과 싸운듯한 결과가 확인됩니다.

선제 공격을 한 섬나라의 해군인지 의심스러울 정도로 피해의 차이가 심하게 보입니다.

주요 해전의 결과는 아래와 같습니다.

한산도 해전

- 일본군 사상자 수 약 4천 명,
- 조선군 전사 19명, 부상자 116명, 함선 손실 없음

부산포 해전

- 일본군 130여 척 침몰, 사상자 약 3만 명,
- 조선군 전사자 6명, 함선 손실 없음

명량해전

- 조선군 13척(2400명)과 일본 함선 330척(10만 명)의 전투
- 일본군 31척 격침, 120척 반파, 1만 8천여 명 전사
- 조선군 전사자 11명, 함선 손실 없음

노량해전

- 일본군 350척 이상 격침, 사망자 5만 명 정도
- 조선군 전사 200명, 함선 손실 없음

총전적 45전 45승(함선 손실 없음)

실제 역사가 아니라 판타지 소설의 전적이라고 하면 더 이해가 쉬운 수준입니다. 해전의 먼치킨이라고 해도 설명이 안 됩니다. 먼치킨 능력을 부하에게도 모두 나누어 주는 능력까지 있어야 설명이 됩니다. 누가 공격을 하러 온 것인지, 강한 공격자에게 일방적으로 당한 전투인지 고민을 하게 만듭니다.

육상 전투에서는 정복자 징기스칸, 기원전 최대 제국을 만든 알렉산더 대왕, 로마에게 패배를 안겨준 한니발 같은 위인들이 있어서 더 위대한 한국의 인물이 있다고 주장하기 어려워 보입니다.

소드마스터인 척준경은 개인 무력으로 세계적인 인물이 확실하나 직접 대결을 하여 우열을 가진 적이 없어서 최고라고 주장하기에는 어려운 점이 있습니다.

개인적으로 한국의 가장 위대한 분을 꼽으라면 이순신 장군을 선택하고 싶습니다. 이유는 신분적으로 유리함 적용된 부분도 고려했기 때문입니다.

훌륭한 문자를 발명하여 그것을 많은 사람이 사용하게 할 수 있었던 이유는 국가의 최고 권력을 가지고 있었기 때문입니다. 한글 창제의 업적을 낮추려는 것은 아니며, 한쪽을 선택하기 어려워서, 논리적 근거를 찾아보려는 것 정도로 생각해 주시면 됩니다. 반대로 현재의

한국 사람에게 영향력을 고려하면 세종대왕님이 더 위대한 인물이
될 수 있습니다.

역사를 공부할 때 결과를 모른다는 가정을 항상 해야 한다

역사를 공부할 때, 우리는 결과를 알기 때문에, 오판이라고 쉽게 단정을 내립니다. 그러나 결과를 모르는 시점에서는 오판이 아니라 당연한 결정일 수도 있습니다.

이순신 장군님의 예를 들면, 아군 함대가 크게 패배한 이후에 300척의 적함이 공격을 오고 있는데 13척으로 싸운다고 주장하면 '정신이 나간 사람'이라고 생각을 할 것입니다.

하지만 우리는 결과를 알기에 13척으로 싸우면 된다고 '말리지 말라'라고 생각할 것입니다.
결과를 알기에, '정신이 나간 사람'이 아니라 최고의 영웅으로 생각하고 있는 것입니다.

이순신 장군이 13척으로 싸울 수 있었던 것은 이긴다는 기대가 아니라, "방법이 없으니 해보고 싶은 대로 해봐라"는 의미가 있을 수도 있습니다.

위대한 업적에는 항상 반대나 포기가 따릅니다.

다른 사람은 포기해도 업적을 이루는 당사자는 '포기하지 않고 있다'는 것이 중요한 점입니다. 포기하지 않고, 상식적인 반대를 이겨내고 달성하기 때문에, 위대한 업적이 됩니다.

인간의 복잡성

인간은 하나의 성향만 가지고 있지 않습니다.
강함과 약함, 이기심과 배타심, 외향적과 내성적…
어느 부분이 더 강하게 표현이 되는 것으로 평가를 받을 뿐입니다.

강해 보이는 사람도 마음속 약함이 있고, 심약해 보이는 사람도 강함이 있습니다. 이런 복잡하고 미묘한 인간을 미리 만들어진 기준에 따라 평가를 하면, 실수를 할 수 있습니다.

하나의 성향으로만 정의하려고 하면, 인간을 절대로 이해할 수 없습니다.

때로는 파란색이 강해졌다가 때로는 다른 색이 더 강해지기도 하는 것이 사람의 마음입니다. 성숙한 인간은 이러한 조절을 잘하는 사람입니다. 마음을 조절하는 것이 아니라, 마음의 결과인 행동을 조절하는 것입니다.

자신의 화가 나는 마음을 제어하는 사람은 성숙한 사람이라고 할 수 있습니다. 화를 나지 않게 제어하는 것이 아니라, 화가 나도 행동을 제어하고 있는 것입니다.

차등에 만족하는 인간

아파트

정부에서 '일억 원에 아파트를 전국적으로 분양한다' 하면 난리가 날 것입니다. 아파트 소유의 차등이 없어지기 때문입니다.

사람이라면 누구나 내가 소유해서 즐거운 것이 아닌, 차등에 만족하는 모습을 가지고 있습니다. 소유의 차등이 깨져서, 만족감이 사라져서 문제가 되는 것입니다.

내가 너보다 높은 지위라는 쓸데없는 만족감일 뿐입니다.

게임

현실의 현금으로 만들어낸, 게임 아이템을 게임 회사에서 쉽게 획득하게 변경을 하면 많은 현금을 사용한 사람들은 불만을 가지게 됩니다.

아이템을 소유하는 것이 목적이 아니라, 차등에 만족하고 있었는데, 그것이 사라졌기 때문입니다.

소유에 대한 우월감에 만족하고 있었는데, 그 만족감이 사라진 것입니다. 남과의 차등을 즐기지 말고, 자신이 즐거운 것이 무엇인지 생각해 봐야 합니다.

관문 통과의 사회

한국 사회는 '관문 통과의 사회'라고 표현을 하고 싶습니다.

관문을 통과한 사람들은 좋은 보상을 보장받습니다. 그래서 관문을 통과하기 위해서 많이 노력하며, 관문 통과한 후에는 계속적으로 이전의 노력을 지속하지 못하는 경우가 많습니다.

노벨상을 타지 못하는 이유 중 하나에 이것도 포함되지 않을까요?
한국 관문 통과에 많은 노력을 기울이고, 관문 통과 후에는 상대적으로 적은 노력을 합니다. 한국의 관문을 아무리 통과해도, 노벨상에 가산점이 없습니다.

관문 통과 후 노력으로 성과를 내어야 하는데, 더 중요한 시기에 더 적은 노력을 하게 됩니다. 관문 통과한 분들이 능력이 없다는 것이 아니라, 관문 통과하기 전 만큼 열정이 적은 것을 말하는 것입니다.

관문 통과한 사람과 아닌 사람의 차별이 심하다는 이야기도 됩니다. 관문 통과가 신분을 표현한다고 생각합니다. 대학 나온 사람과 아닌 사람, 고시 통과한 사람과 아닌 사람, 교수로 임명된 사람 아닌 사람 등 너무나 많습니다. 관문 통과에 인맥이 필요해서, 인맥 사회가 되기도 합니다.

해결 방법은 간단합니다.
관문 통과가 아니라, '업적 중시 사회'로 바뀌어야 합니다.
특정 관문 통과한 사람들을 비교하여 우열을 가려야 합니다.
당연히 관문을 넓혀야 합니다. 그래야 비교 평가가 가능하다.

현재는 관문 통과한 사람들의 평등을 더 강조하고 있습니다.
대기업도 입사는 관문 통과를 의미하고, 거의 비슷한 처우를 받습니다. 이것을 관문 통과가 아니라, 통과 후 성과주의로 바꾸어야 한다는 것입니다.

"성과가 나오지 않으니, 더 힘들어지고 있을 뿐입니다."
국회의원의 평가도 달라져야 합니다.
지금은 국회의원과 아닌 사람을 비교하려는 성향이 강합니다. 이것을 국회의원 중에 누가 더 좋은 법안을 만들고 있는지로 평가하면 됩니다.

의사들 평가도 당연히 자격증이 아니라, 의사들 사이의 비교를 해야 합니다.

스포츠에서는 이미 이렇게 하고 있습니다.
프로가 되는 것이 중요한 것이 아니라, 얼마나 경력이 많은지가 아니라, 실적으로 평가를 합니다.

이렇게 바뀌면 관문 통과 후 노력을 하지 않을 수 없습니다.
관문 통과만을 위해서 편법을 쓸 필요도 없습니다.
능력이 되지 못하여 성과를 내지 못하면, 관문 통화 후 행복하지 못할 것입니다.

과열된 사교육 문제도 자연스럽게 해결이 됩니다.
관문 통과 후, 힘든 시기가 오기 때문에 관문 통과를 위해서 지쳐버리면 안 됩니다.

이렇게 되지 못하는 이유는 공공의 선과 개인의 선이 다를 수 있기 때문일 겁니다.

한국 사회 의문 중 하나

한국 사회에서 최고의 지위라고 하는 판사님께서 이런 변명을 하는 것을 본 적이 있습니다.

"너무 많은 소송을 감당해야 해서 하나하나의 소송에 신경을 쓸 수가 없다."

우리 사회 어디나 있는 업무 과다이긴 하지만, 다른 분야도 아니고 소송입니다.
왜 필요한 판사님을 더 모집하지 않는지가 궁금합니다. 사기업이 아니라 국가의 일인데, 업무에 필요한 판사의 수를 확보하는 것이 당연할 겁니다.

소액이나 복잡하지 않은 1심 소송의 경우, 정당한 자격을 갖춘 분이 판결해도 가능하다는 생각도 해봅니다. '질이 떨어진다'는 것은 변명입니다. 신경 쓰지 못하는 판결보다, 조금 능력이 안 되어도 신경을 쓰면, 더 좋은 판결을 할 여지는 충분합니다.

신경 쓰지 못하다는 말에는 이미 질이 떨어졌다는 것이 분명하게 표현이 되어있습니다. 그리고 관문을 통과했다는 것만으로 실력과 능력을 보장하지는 못합니다.
이론과 실무는 다른 점도 분명하게 있습니다.

운전면허 시험에 통과하였다고, 운전을 잘하는 것은 아니며 단지 기본이 되었다는 것입니다.

다른 자격증에서도 동일할 겁니다. 자격증은 시작을 의미하는 것이지, 완성을 의미하는 것이 아닙니다.

한국 사회는 이상하게 힘든 일로 기피하면, 더 나은 방안을 생각하여 해결하려고 하지는 않습니다. 이렇게 되는 주요 원인은 하나라고 생각합니다.

"내가 안 하니까"

내가 직접 하지 않기 때문에 괜찮다는 것은 상대방을 존중하지 않는 것입니다. 즉 상호존중이 되지 않고 있습니다.

응급실 의사가 부족하다고 들었습니다.
응급실 의사 과정을 만들고, 응급실 의사 면허를 주고 채워 넣으면 되는데, 왜 하지 않는지 모르겠습니다.

학교 시험 성적 좋지 않은 사람은 인명 사고를 만들 수 있다고 생각하시는 분도 있습니다. 그러나 피곤해서 눈이 감기는 사람도 충분히 사고를 만들 수 있습니다.

최선만 바라면, 아무것도 할 수 없습니다.

최선은 아니어도, 현실에 따라서 차선을 선택할 수도 있습니다. 응급실 자리도 비워두는 것보다 차선이 방법일 수 있습니다.

소방대원, 간호사 등 너무나 비상식적인 직업들이 있습니다.

인원을 늘려서 원인을 해소해야 하는데, 해결 방안은 제시하지 않고, 희생해 줄 사람만 찾고 있습니다.

간호사가 부족하다고 말은 하지만, 현직 간호사도 떠나고 있습니다. 떠나는 간호사도 붙잡지 못하면서, 부족하다는 무능한 핑계 만을 말하고 있습니다. 부족한 것이 아니라, 쫓아내고 있는 것이 아닌지, 먼저 생각해 보아야 할 것입니다.

떠나고 싶은 것이 아니라, 도저히 버티지 못하여 포기하는데, "스스로 나갔다"라는 표현 만을 사용하며, 스스로 위로와 변명을 합니다.

오류를 찾아야 하는 이유

프로그램 업무는 '개발'과 '디버깅'으로 나누기도 합니다.
'디버깅'은 오류를 찾고 원인을 분석하는 것입니다.

수정을 위한 첫 번째 단계는 오류를 찾는 것이고, 찾은 오류를 정의

해야 합니다.

오류 정의라는 것은 어떠한 상황에서 발생하는지에 대한 구체적인 것을 기술하는 것입니다. 오류 정의를 한 이후에 원인을 분석하게 됩니다.

잘못된 오류와 원인을 찾는 것을 프로그램에서 하는 것과 인간의 세상에서 하는 것은 비슷하다고 느껴집니다.

프로그램은 원하는 대로 수정이 가능하지만, 세상은 수정하기가 어렵습니다. 오류나 불편함의 수정은 더 좋은 제품을 만드는 방법이며, 세상도 동일할 것입니다.

많은 프로그램 개발자들은 오류를 찾으려 하지도 않고, 수정하려고 하지도 않습니다. 오히려 숨기려고 하기도 합니다. 인간의 세상도 오류를 찾고 수정하지 않으려 하며, 숨기려는 경향을 보이는 것 같습니다.

수정의 답을 알고 있어서 오류를 찾는 것이 아니라, 찾아서 수정해야 더 좋은 프로그램(세상)이 됩니다. 오류 수정의 시작은 이것이 오류라는 것을 인식하는 것입니다.

정확한 평가를 할 수 있다면, 고수이다

미술을 전공하는 후배에게 질문한 적이 있습니다.

"내가 그은 '선 하나'하고, 거장이 그은 '선 하나'에 차이가 뭐지?"
"왜 내가 그은 선 하나는 폐지가 되고, 거장이 그은 선 하나는 수억 원 이상의 가치를 가는 거야?"

아래와 같은 답변을 들었습니다.
"모든 그림을 그릴 수 있는 거장이 선을 그린 것이다."
"그냥 그은 선 하나가 아니라, 수많은 실패작을 통해서 완성된 선이다."

결국 제가 원하는 답은 얻지 못했습니다.

질문의 정확한 의미는 '선 자체의 가치'를 설명해 달라고 한 것입니다. 선을 그린 사람의 가치만 답변을 받았고, 작품인 '선 그림' 자체의 가치를 답변받지 못했습니다.

대부분의 사람들은 선을 그린 사람의 가치를 평가하며 '선 자체의 가치'를 알지 못합니다. 수많은 실패작들의 '선 그림'과 최종 결과물인 '선 그림'을 구분하지 못하는 사람들이 대부분일 것입니다.
이것이 가능한 전문가는 몇 분이나 될까요?

미술품의 가치를 쉽게 평가하기 위해서 '금액'과 행위자를 설명하는 경우가 대부분입니다. 그러나 그림 자체의 가치에 대한 설명은 찾기 힘듭니다.

간단히 말하면, 대부분은 작품의 가치를 모르는 것입니다.

얼굴 없는 화가로 유명한 '뱅크시'는 센트럴 파크에서 자신의 그림을 단돈 $60에 팔았는데, 총 8장이 팔렸습니다.

뱅크시가 센트럴 파크에서 자신의 그림을 팔았다는 것을 스스로 알리자, 많은 사람들이 구매하려고 했으나, 이미 판매가 종료된 후였습니다.

예술 분야만 가치를 판단하지 못하는 것이 아닙니다.
'기술'의 가치를 제대로 평가할 능력이 있는지도 고민해 보아야 합니다.

애플의 창립자 '스티브 잡스'는 기술의 가치를 정확히 평가하는 사람이었습니다. 스스로 발명한 것이 아니라, 가치를 정확하게 평가하는 능력으로 사업에 성공한 사람입니다.

사람의 가치도 쉽게 평가하기 위해서 연봉으로 합니다. 그래서 연봉이 그 사람의 가치라고, 착각을 합니다. 사람의 숨겨진 가치에 대해서 평가할 능력과 자격이 무엇인지는 저도 모르겠습니다.

한국인 최초의 메이저리거로 124승을 달성한 박찬호 야구 선수는 이렇게 말했습니다.
"팬이 없다면, 난 단지 빠르게 물건을 던지는 사람이다."

스스로 평가하는가

사내 교양 강연에서, 어떤 박사님께서 'like'와 'want'를 구분하라고 설명하셨습니다.

like는 자기가 좋아하는 것이고, want는 가지고 싶은 것으로 구분이 되는데, 정확한 의미를 이해해야 합니다. 가장 쉬운 구분은 남이 가지고 있어서 가지고 싶은 것은 want이며, 내가 진정하고 싶은 것은 like입니다.

더 쉽게 설명하면, 게임 좋아하는 사람이 게임을 하는 것이 like입니다. 그러나 게임만 하고 있는 사람이 좋은 학업 성적을 가지고 싶은 것은 want입니다. 프로게이머가 되어서 게임 대회에서 성적을 내고 싶어 하는 것은 like와 want가 일치되는 것입니다.

피겨 스케이팅에서 김연아 선수가 최고라는 것은 누구나 인정합니다. 그러나 김연아 선수인지 모르고 공연을 보았다면, 그 공연의 수준을 스스로 느낄만한 사람이 몇 명이나 될까요?

아마 대부분의 일반적인 사람들은 잘한다는 것을 느끼나, 어느 정도 수준인지 평가를 못 할 것입니다.

최고라고 해서 보고 싶은 것이지, 그것을 느끼고 스스로 평가할 능력이 되지 못하는 것이 현실입니다. 그렇다고 관람할 자격이 없다는 의미는 아닙니다.

예술 작품에서도 비슷합니다. 미켈란젤로, 고흐 같은 대가의 작품을 느낄 정도의 능력이 되지 못하는 것이 일반적인 사람들입니다. 그러나 대가의 작품을 소유하고 싶어합니다.

like가 아니라 want의 영역이라 볼 수 있습니다.

독단적으로 보이나, 평가를 할 능력도 되지 못하면서 개인 수집을 한다고 비판하는 예술가들도 실제 있습니다.

2018년 영국 소더비 경매장에서 실제 일어난 사건입니다.

'풍선과 소녀'라는 그림이 104만 파운드(약 15억 원)에 낙찰이 되었습니다. 문제가 되는 것은 그 순간에 액자 속에 숨겨져 있던 파쇄기가 동작해서, 낙찰된 그림의 절반 정도가 망가지게 됩니다. 놀랍게도 범인은 작품의 작가(뱅크시)였습니다.

이 작가의 기행 중에 영국 대영박물관에 쇼핑 카트를 사용하는 원시인을 그린 돌을 몰래 전시하고, 며칠 동안 아무도 눈치채지 못해서 스스로 신고하기도 했습니다.

다른 행위 예술도 있습니다. 자신의 작품을 한 노인에게 60달러라는 헐값에 팔아 달라고 했는데, 단 몇 점만 팔렸습니다. 실제는 수만 달러 가치의 그림입니다.

대부분의 사람들은 실제 가치를 평가하지 못하며, 유명세나 다른 사람의 평가로 그 가치를 알게 됩니다. 실제 가치를 정확히 평가할 수 있다면, 그 사람은 고수입니다. 주식에서도 실제 가치를 중요시하는 유명한 투자자가 '가치 투자'로 성공하였습니다.

풍선과 소녀라는 그림의 이야기의 결과는, 절반 정도 파쇄된 그림을 낙찰자가 낙찰 가격에 구매를 했습니다. 작가의 행위까지 예술로 인정을 하여 사연이 있는 작품으로 인정한 것으로 보입니다.
평범한 사람 같았으면, 손해배상이니 뭐니 이런 것부터 생각할 수도 있으나, 그 작가의 그림을 경매한 낙찰자 또한 대단한 사람입니다.
행위 예술을 하는 작가도 대단하지만, 그런 행위를 이해하고 인정해 주는 낙찰자 또한 평범하지 않으며, 예술을 이해한 두 분의 만남이지 않을까 생각합니다.

군사 학교에서 여러 가지 전략과 전술을 배워도 실전에서 활용하는 사람이 1%도 되지 못한다고 하듯이, 예술을 배워도 진정한 가치를 아는 사람은 1%도 되지 못하는 것이 아닐까 생각해 봅니다.

운동선수도 보면 특별한 생각을 하는 사람이 업적을 세우는 경우가 많습니다.
'운동 신경이 좋아서'라는 설명으로만 생각하기에는 최고의 선수들은 생각도 다른 것을 볼 수 있습니다. 그리고 경기를 보면서 다른 사람을 정확하게 평가를 합니다.

즉 생각이 다른 것입니다.

확장을 하면, 모든 분야에서 배우는 것과 깨달아서 진정한 가치를 이해하는 사람은 1%밖에 되지 못한다고 할 수 있지 않을까요?

많은 사람들이 자신은 알고 있다고 생각을 하지만 실전에서 사용하지 못한다면, 진정으로 이해한 것이 아니라고 말할 수도 있을 겁니다.

진정한 의미를 깨달은 이런 1%의 사람들을 '천재'라고 할 수 있을 겁니다. 1%가 너무 많다고 하실지 모르겠지만, 특정 분야 전문가 중에서 1%라고 한다면 높은 비율이 아닐 겁니다.

다음 논란이 천재는 태어나는 것인가 아니면 키워지는가인데, 정확한 해답은 알 수가 없습니다.
저의 생각은 '노력'이 있어야 결과를 알 수 있다는 것입니다. '재능이 있는지 없는지는 노력을 통하여 결과를 확인해야 한다.'는 것이 딜레마입니다.

재능이 보이고 위대한 업적을 세우는 사람도 있지만, 재능이 없어 보이나 이후에 위대한 업적을 세우는 대기만성형도 분명하게 존재합니다.

타임머신 원리

아인슈타인의 상대성 이론으로 타임머신의 원리가 설명이 된다고 말하시는 분을 종종 보았습니다. 어느 정도 맞는 이야기지만, 완전히 옳은 것은 아닙니다.

결론부터 이야기하면, 상대성 이론에는 상대적으로 미래로 갈 수 있는 과학적 이론이 나옵니다. 그러나 시간을 역행하여 과거로 갈 수 있는, 어떠한 이론도 나오지 않습니다.

간단히 설명하면, 왕복이 아니라 편도 티켓인 것이며, 미래로 갈 수 있으나 거꾸로 돌아오지 못하는 것입니다. 이것을 다르게 설명하면 냉동 인간에 비유할 수 있습니다.

인간을 얼려서 노화를 정지시킬 수 있으나, 젊어지게 할 수는 없습니다.

상대성 이론에 따르면, 중력에 따라서 시간의 흐름이 다르게 진행되며, 이것을 이용하면 나의 시간을 느리게 하여, 상대적으로 다른 사람의 미래로 갈 수 있습니다.

시간 흐름의 차이로 미래로 가는 방법일 뿐이며, 과거로 가는 방법은 설명할 수 없습니다. 시간에 따라 물질은 하나의 흐름을 가지는데, 이것을 거꾸로 흐르게 하는 이론은 아직 없습니다.

'다중 우주론' 관련해서 어려운 설명이 너무 많은데, 타임머신과 관련된 설명도 있습니다.

타임머신으로 과거를 바꾸면, 현재의 세상이 어떻게 변하게 될지 논의를 하는 겁니다.

다중 우주론에서는 바뀌기 전의 세계와 바뀐 세계로 둘로 구분된다고 설명을 하기도 합니다. 그러나 근본적으로 과거로 가는 방법을 이론적으로 설명하지 못하면 의미가 없습니다. 과거로 가서 영향을 주지 못하면, 과거는 확정적이며 미래는 가변적이라고 생각할 수 있습니다.

현재의 정보로 과거를 예상할 수는 있으나, 직접적으로 과거로 가서 영향을 줄 수는 없으며, 현재의 이론으로는 불가능합니다.

영화 속에서는 블랙홀을 통해서 과거로 가는 장면이 있기는 하나, 현재의 물리학 이론에서 설명이 불가능한 부분입니다.

스티븐 호킹박사도 과거로 가는 것은 불가능하다는 입장을 보이고 있습니다.

10년 후의 미래로 가는 것은 이론적으로 가능하며, 10년 후의 미래로 가서 미래의 나를 만날 수 있을까요?

이것은 명확하게 불가능합니다.

미래로 출발을 하는 순간에 현재의 내가 지금의 세상에서 사라지게 되며, 또 다른 내가 10년의 세월을 살고 있지 않습니다.

냉동 인간처럼, 현재의 나를 얼리는 순간, 또 다른 얼지 않은 나는 존재 할 수가 없습니다. 나라는 존재는 하나뿐인 유일한 것입니다.

우리는 자신의 시간 속에 갇혀있는 독립적인 존재이며, 자신의 현재 시간에서만 존재합니다. 과거로 갈 수 없으며, 타인의 미래는 갈 수 있으나, 자신의 미래는 갈 수 없습니다.

인간 한 명은 자신의 시간을 독립적으로 가지는 우주적인 존재라고 생각할 수 있겠습니다.

정치 이야기를 하면 싸우는 이유

자기와 다른 남의 감정을 구분하지 못하고, 컨트롤하지 못하여, 서로 싸웁니다.

한 정치인에 대해서 좋아할 수도 있고, 미워할 수도 있습니다.
타인의 감정은 나의 것이 아닌 것을 명심해야 합니다.

내가 느끼는 감정을 똑같이 느껴달라는 이기심은, 독재와 다름이 없습니다.

나와 다른, 타인의 결정은 그 사람의 것임을 인정해야 합니다.

서로 다름을 인정하는 것이 '상호존중'이며, 민주주의의 시작입니다.

미워하는 이유

어떤 정치인을 미워할 수도 있고, 좋아할 수도 있습니다.

내가 좋아해도, 다른 분들은 싫을 수도 있습니다.

특정 정치인을 미워하는 후배에게 그 이유를 물어본 적이 있습니다. 그러나 아무런 이유도 답하지 못했습니다. 유일한 이유는 "아버지가 그렇게 이야기했다"라는 것이었습니다.
"나는 아버님의 이유가 아니라, 너의 생각을 물어보고 있는 거야." 라고 답변을 해 주었습니다.

좋아하는 것은 상관없지만, 감정을 소모해야 하는 미움에 대해서는, '왜 미워하는지에 대한 이유'는 스스로 생각해 보았으면 합니다.
미워하는 이유도 모르며, 미워하는 경우를 너무나 많이 봅니다.

후배와 이런 대화를 한 적이 있습니다.

"내가 이상한 것이 아니잖아. 이유도 모르면서 미워하는 것이 이상한 것이 맞지 않아?"

"나는 너가 미워하는 사람을 같이 미워해 주려고, 미운 이유를 물어본 거야."
"이유를 알아야 같이 미워해 줄 수가 있어."

"나같이 좋은 사람이 어디에 있어. 미워하는 것도 같이 해주려고 노력하잖아."

"이유 모르면, 천천히 생각해서 알려달라고 할 뿐이야."

자신의 속한 단체의 비판

특정 단체가 "하고 싶은 말을 할 수 있으며, 투명할 수 있다는 것은 그 단체가 상위권이기 때문이다."라고 언급하고 싶습니다.
상위권이 아니면, 관련하여 좋지 않은 말을 하지 못하게 막는 경우가 더 많습니다.

자신이 속한 단체를 비판한다는 것은, 속한 단체가 싫어서 반대한다는 뜻이 아닐 수 있습니다.

자신의 1년을 되돌아보시면 됩니다.

완벽하고 잘한 것만 있는가요?

자신도 완벽하진 않지만, 스스로 사랑합니다.

내가 속한 곳도 완벽해서 사랑하는 것이 아니라, 어찌 되었든 좋아서 있는 것입니다.

일방적인 지지만 보내면, 지지받은 단체나 개인은 쉽게 잘못될 수도 있습니다.

물론 이유 없는 생트집과 건설적인 비판은 다릅니다.

이유를 스스로 파악하라

전문가가 말하는 것은 맞을 것일 겁니다. 그러나 스스로 이유를 모르고, 그것이 옳다고 생각하지는 말아야 합니다.

우리는 이유를 모르고 미워하기도 합니다.

특정 정치인을 다른 사람이 미워한다고 같이 미워하지 말고, 스스로 미워하는 이유를 설명할 수 있을 때 미워해야 합니다.

미워할지 좋아할지는 스스로의 권한입니다.

미워하지 말라는 것이 아니라, 스스로 설명할 수 있는 이유는 있어야 할 겁니다.

모르고 미워하는 것은 마녀사냥의 시작과 다르지 않습니다.

모르고 미워하고, 마녀라고 부르고, 불로 태워서 죽음에 이르게 했습니다.

과거 '마녀사냥'을 어처구니없는 일이라고 생각하면 안 됩니다.

이유 없이 미워하는 것은 현재도 일어나고 있는 현실입니다.

특정 집단이 이유 없이 한 개인을 미워하는 것이 마녀사냥과 다른 이유를 찾을 필요는 없을 것입니다.

합리적인 의심은 할 수 있으나, 이유 없는 미움은 안되는 것이 당연합니다.

'마녀사냥' 뿐 아니라, 과거에 일어났던 거의 모든 일들은, 형태를 바꾸어서 지금도 일어나고 있습니다.

권력의 속성

권력은 두 가지 속성을 가집니다.

하나는 권력은 가장 강한 사람을 찾아갑니다.

다른 하나는 권력은 사람을 타락시켜서 약하게 만듭니다.

타락해서 약해지면 더 강한 사람이 생기게 됩니다.

권력은 약해진 사람을 떠나서, 더 강한 사람을 찾아 떠나려고 합니다. 그래서 권력을 유지하고 싶으면, 타락하지 않으면 됩니다.

타락의 이유 중 하나는 권력이 강한 사람을 찾는다는 것을 알고, 다른 사람을 약하게 만들려고, 권력을 잘못되게 사용하여 탄압하기 때문입니다.
권력의 잘못된 사용은 스스로 약해지게 됩니다.

"왕은 마음대로 해도 되는 사람이다."라는 잘못된 생각이다

역사를 뒤져서, 마음대로 한 왕을 찾아보십시오.
간혹 마음대로 한 왕이 있긴 합니다. 그러나 대부분의 그런 왕들은 그러다가 반역으로 쫓겨납니다.

마음대로 하면 쫓겨나는 왕을 '마음대로 해도 되는 사람'이라고 할 수 있을까요?
왕은 마음대로 못하는 사람이 분명해 보입니다.

미드 '왕좌의 게임'에서 어린 왕에게 이렇게 말합니다.
"스스로 왕이라고 하는 순간 이미 왕이 아니다."

민주주의의 적

민주주의의 적은 공산주의가 아닙니다.
민주주의의 적은 공산주의가 아니라 비리와 부패입니다.

비리와 부패로 국민이 살기 힘들어지면, 민주주의를 버리게 될 수 있습니다.
민주주의가 나쁜 것이 아니라, 비리와 부패로 살기 힘들기 때문입니다.

모든 정치의 목적은 국민을 잘살게 하는 것이며, 이것을 이루지 못하게 되면, 바뀌게 됩니다.

과거 왕정 시대에는 왕이 바뀌었으며, 현재도 크게 차이가 없습니다.
왕정 시대에는 재난(가뭄, 홍수)이 발생하면, 왕이 비난을 받아야 했고, 책임을 져야 했습니다. 즉 왕의 의무는 국민을 잘살게 하는 것이었습니다.

국민이 잘살기 위한 것이 필요한 것이지, 특정 정치 제도가 필요한 것이 아닙니다.

상대적으로 현재까지 제도 중, 민주주의가 장점이 있다는 정도입니다.

현재 지구상의 민주주의 나라를 보면, 과거 잘 살았던 나라들이 잘 살고 있으며, 민주주의를 한다고 잘 살 수 있다는 근거는 없습니다.

인류 역사상 최고의 인간

역사상 최고의 인간은 누구일까요?

너무나 많은 위대한 인물들이 있는데, 이 중에 최고는 누구일까요?

분야가 다른 곳에서 활약한 위인들이 너무 많아서 우열을 가리기가 힘듭니다.

유럽의 위대한 여러 왕들과 성인들 그리고 위대한 학자들보다 상위로 꼽을 수 있는 인물은 '예수'님입니다. 이것을 부정할 유럽인들은 없을 것입니다.

아랍의 여러 뛰어난 인물 중에 이슬람교의 '마호메트'보다 뛰어나다고 평가받을 인물이 없는 것도 당연합니다.

동양에서도 불교의 '부처'보다 뛰어나다고 자신할 만한 인물은 없다고 할 수 있습니다.

'세계 4대 성인'에서는 이들과 함께 '소크라테스'가 포함이 됩니다. 즉 최고라 꼽히는 인물들과 동급으로 평가받는 사람은 '소크라테스'가 유일합니다.

4대 성인 중에 종교적인 영향력을 가지지 않는 인물은 '소크라테스' 뿐입니다. 신성이 없는 '순수한 인간'은 한 명뿐이며, 그래서 '소크라테스'가 인간 최고가 될 수 있습니다.

현재의 평범한 우리는 '돈'에 최고의 가치를 두고 살지만, 소크라테스는 돈을 얼마나 벌었는지 생각해 보아야 합니다.
소크라테스가 가난했던 이유는 가르침을 주고도 돈을 받지 않았기 때문입니다.
'내가 가르쳐서 아는 것이 아니라, 당신은 이미 알고 있었다. 난 단지 깨닫게 해 주었다.'라고 말하며, 수강료를 받지 않았습니다.

소크라테스의 교육 방법은 주입식 교육이 아니었습니다.
'답이 이것이니 이대로 하면 된다. 의심하지 마.'가 아니라, 스스로 생각하게 하여 답을 찾아가게 하는 방식으로 알려 주었습니다.

현대의 교육에서도, 좋은 교육이라고 하는 '생각하는 힘'을 길러 주는 교육을 하였습니다. 이것이 가능했던 것은 무지한 사람들을 자신의 아래에 두지 않고 자신과 동등하게 생각하였기 때문일 겁니다.

지식의 뛰어남 뿐 아니라, 이런 인품이라면 최고의 찬사를 받기에 부족함이 없을 것입니다.

인류 역사상 최고의 인간은 '소크라테스'이다.
이것을 부인할 수는 없을 것입니다.

인간이 태어나서 무엇을 해야 하는가?

세상의 모든 것을 배울 수도, 하고 싶은 모든 것을 할 수도 없습니다.
무엇을 할 것 인가도 중요하지만, 무엇을 하지 말아야 하는 것도 중요합니다.

노래를 평가할 때, 감동의 유무로 평가를 하기도 합니다. 이것을 적용해보고 싶습니다.
인간의 삶도 그가 감동을 줄 수 있는 것으로 평가를 해보면 어떨까요?

다른 사람에게 감동을 줄 수 있는 삶을 살았다면, 멋진 삶이라고 평가하여도 누구도 부정하지 못할 것입니다.

어떤 삶을 살아야 감동을 줄 수 있을까요?
현금 100억을 모으지 못하고 죽는 사람이 대부분일 것입니다. 그러나 현금 100억을 모았다고 존경받지 못하며 감동을 주지도 못합니다.

돈의 유무로 그 사람의 인생을 좋게 평가하지 않습니다. 돈의 크기로 좋은 평가를 받을 수 있는 곳은 결혼 소개소, 보험사, 투자업 등이 있습니다.

저는 인간 중 최고로 소크라테스를 꼽으며, 그는 부자가 아니었다는 것을 명심해야 합니다.

나는 작업, 아이는 예술

남쪽 나라 휴양지에 간 적이 있는데, '파프파프'라는 옵션 관광이 있었습니다.

'파프파프'는 흰색 티셔츠에 특수 물감으로 그림을 그려서, 나만의 티셔츠를 만드는 것입니다.

티셔츠를 위한 그림 샘플이 몇 개 있어서, 마음에 드는 것을 골랐습니다. 그리고 가능한 샘플과 똑같이 만들기 위해서 많은 노력을 기울였습니다.

샘플과 똑같이 만드는 작업이 끝나고, 옆의 외국인 아이가 하는 것을 지켜보았습니다. 외국인 아이의 나이는 알 수 없었고, 무엇인가 단순한 문장을 말하는 언어 수준이었습니다.

외국인 아이는 부모가 보여주는 샘플을 거의 무시하고, 자기가 원하는 그림을 그렸습니다. 부모가 손에 쥐여 주는 붓도 필요가 없었고, 손으로 그리고 자신의 손바닥을 티셔츠에 찍기도 했습니다.

이 외국인 아이를 보며, "난 무엇을 했지?"라는 생각이 들었습니다. '나만의 셔츠를 만든다'는 광고의 옵션 관광인데, 저는 샘플과 똑같이 만들기 위해서 노력을 했습니다.

"샘플과 똑같은 나만의 것."

어린아이가 나와 비교할 수 없는 예술을 이루며 자신을 표현하고 있었습니다.

어린아이를 보고, 스스로의 부족함을 느낍니다.
내 생각은 고정 관념에 사로잡혀있는데, 말도 다 배우지 못한 어린아이가 저에게 가르침을 줍니다.
"왜 똑같이 만들려고 만 했는가?"

"왜 자신이 원하는 것을 만들지 않는가?"

나는 작업을 하고, 아이는 예술을 합니다.

인간의 내면 성장

인간 내면의 성장에는 정해진 길이 없는 것 같습니다.

가난한 환경에서도 성장하고,
부유한 환경에서도 성장하고,
육체적으로 힘들어도 성장하고,
정신적으로 힘들어도 성장하고,
괴로움뿐 아니라 즐거움에도 성장을 합니다.
자신의 경험이 자신의 내면이 성장할 수 있게 해야 합니다.

몸을 움직여야 육체가 강해지듯이, 인간의 내면을 움직여야 생각이 강해질 수 있습니다. 이것을 '자아 성찰'이라고 합니다.

자신의 기술을 향상시키는 것은 단순히 그 기술이 목표가 아니라, 다른 뛰어난 기술을 가진 사람과 함께 하기 위한 하나의 단계입니다.

자신 내면의 성장은 타인과 함께하기 위한 필수의 과정이며, 이것이 있어야 타인을 이끌고 성과를 낼 수 있습니다.

자신이 기술을 최고의 경지로 이끄는 것은 수십 년이 필요할 수 있는 어려운 일이며, 내면의 성장은 타인과 함께하기 위해 평생을 보내야 하는 더 어려운 것일 겁니다.

기술을 최고로 이끄는 것은 '무'이며,
내면을 최고로 이끄는 것은 '문'이다.

'문'은 글을 아는 최고의 경지가 아니라, 마음을 최고로 성장시키는 경지가 목표입니다. 이것을 이룬 사람을 '성인'이라는 평가를 받을 수 있을 겁니다.

훌륭한 소설가는 글을 잘 쓰는 사람이 아니라, 다양한 사람들의 마음을 이해하는 사람이며, 이해한 것을 글로 설명하는 것입니다.
글을 잘 쓰는 것이 어려운 것이 아니라, 다양한 사람들의 마음을 이해하는 것이 어렵습니다.
다양한 환경 속에서, 소설 속 인물들의 마음의 미묘함을 표현해야, 등장인물의 생동감이 느껴지며, 재미가 있습니다.

인간의 마음을 이해하고, 인간의 악함만을 바라보면 안 됩니다.
인간은 순수한 선이 되기 어려우며, 그것만큼 순수한 악이 되기도 어렵습니다.

인간의 선함만을 보아서도 안 되나, 악함만을 바라보면 스스로의 나아갈 방향을 잃어버리게 됩니다.

생각의 성장

무엇이 옳은가를 고민하는 사람은 '생각이 성장'하게 됩니다.

저 또한 이 책에서 옳다고 하는 것들을 과거에는 다르게 생각하기도 했습니다.

맞는지 틀린지를 떠나서, 근거를 가지고 고민할 수 있는 사람은 '생각의 성장'이 있습니다.

더 많은 지식과 직접 겪은 세월을 보내면서, 사람의 생각은 더 성장할 수가 있습니다.

'20세의 생각과 지금의 생각이 나는 같아.'라고 하시는 분은 고민을 스스로 해보셔야 합니다.
20세에 정확한 답을 알고 있어서 변하지 않은 것인지, 스스로 성장을 못 하고 계신 것인지에 대한 고민입니다.

대한민국의 군 복무를 하기 전인 사람과 군 복무를 마친 사람의 생각은 다릅니다. 대한민국 국민 누구나 인정하는 것이며, '남자는 군대를 다녀와야 사람이 된다'고 많이 말씀하십니다. 평소와 전혀 다른 경험을 하였기 때문에 생각도 변하게 되는 것입니다. 즉, 경험에 의해서 생각이 성장한 것입니다.

시대는 계속 변하고 있는데, 생각이 항상 같다면, 시대에 적응하지 못하고 있는가에 대해서 고민해 봐야 합니다.
물론 인권과 인간 존중 등 핵심이 바뀌는 것은 아닙니다.

아주 오랜 옛날에는 노예를 잘 먹이고 쉬게 해주는 것을 인권으로 표현했고, 현재는 노예를 인정하지 않는 것을 인권으로 표현합니다. 표현과 방법이 바뀌는 것입니다. 그러므로 거기에 대한 생각도 당연히 바뀌어야 합니다.

수십 년 전의 생각을 지금까지 그대로 변화하지 않고 있다면, 그것은 생각이 성장하지 못했다는 것으로 스스로 판단해야 합니다. 그 생각이 과거에는 옳았지만 지금은 그렇지 않을 수도 있습니다.

'흰 쌀밥'을 목표하던 시기가 과거에 있었고, 인류가 배고픔이라는 것을 벗어난 시기가 얼마 되지도 않습니다. 물론 현재도 배고픈 사람들이 있지만, 분배의 문제이며 생산이 부족한 시대는 아니라는 뜻입니다.
지금 '흰 쌀밥'을 목표로 한다면 비웃음을 사게 됩니다.
이제는 건강을 위해서 '현미'를 찾는 분들도 있습니다.

좀 더 과거의 예로 든다면, 상류층은 되어야, 차와 설탕을 먹을 수 있었던 시대도 있었습니다. 미국은 차를 바다에 버리는 사건으로 불만을 표시하며, 독립 전쟁을 시작할 정도로 차는 특별한 품목이었습니다.(보스턴 차 사건)

지금은 차나 설탕을 못 먹어서 부러워하는 사람이 거의 없습니다. 반대로 건강과 체중 조절을 위해서 설탕을 빼달라는 사람이 많이 있습니다.

시대에 따라서 생각이 다르며 변해 가듯이, 사람의 생각도 세상의 변화에 따라서 달라져야 합니다. 근본이 바뀌는 것이 아니라 표현이 변해가야 하는 것입니다.

세상이 십 년 바뀌었으면, 내 생각도 십 년 만큼 바뀌어야 합니다. 세대 차이를 크게 느끼는 사람일수록, 시대의 흐름만큼 자신의 생각이 변하지 못하고 있는지 고민해 보는 시간을 가져야 할 것입니다.

새로운 세대가 틀린 것이 아니라, 기존 사람들이 시대에 적응하지 못하여 과거만 고집하는 것일 수 있습니다.

꼰대

한국 사람 누구나 꼰대를 알고 있습니다.

왜 꼰대가 되었을까요?

다양한 이유가 있겠지만, 과거에 옳았던 것을 현재도 주장만 하면 꼰대가 됩니다.

꼰대가 이야기하는 것도 과거에는 합당한 것이었습니다. 하지만 현재에 불합리하기 때문에 꼰대라고 불리게 됩니다. 즉 과거의 무비판적인 수용이 꼰대를 만듭니다.

누구나 이것에서 자유롭지 않습니다.

인간은 누구나 변화가 어렵습니다. 그래서 변화하지 않으려 하고, 과거의 방식만 고집하려고 합니다.

그 이유는 간단합니다.

그것이 나에게 편하니까?

생각하기 귀찮으니까?

일반적으로, 잘 나가던 기업이 안 좋아지는 원인 중 하나는 좋은 시절을 만든 과거의 방법대로 지금까지 하고 있는 경우가 많습니다. 즉 과거에는 좋은 방법이었으나 현재에는 좋지 않은 방법일 수도 있는 것입니다. 이것은 거의 모든 것에 적용이 됩니다.

과거의 방식만 고집하지 말고 더 좋은 새로운 방식에 도전해야 합니다.

'새로운 생각'을 해야 고수로 인정을 받는다

'배웠다'는 끝이 아닙니다.
현재의 것의 오류가 보여야 정확하게 이해한 것입니다.

배우는 것은 현재의 이론을 받아들이는 것이고, 정확하게 이해했다는 것은, 오류를 찾고 수정을 함으로써 증명이 됩니다.
박사 학위를 가진 분을 '배운 사람'이라는 표현을 하기도 하는데 이것은 잘못되었습니다. 박사 학위를 가지기 위해서는 배우는 것은 기본이고, '새로운 생각'으로 무엇인가 새로운 것을 만들어야 합니다.
박사 학위를 가진 분은 '새로운 생각을 해낸 사람'이라는 표현이 더 적합합니다.
새로운 생각을 하지 못하면 학위를 받을 수 없습니다.
박사 논문은 이것을 증명하기 위한 절차가 됩니다.

배우는 것은 중수가 되는 방법이며,
'새로운 생각'을 해야 고수로 인정을 받을 수 있습니다.

이것이 나의 생각인가? (나는 알고 있는가)

"나는 생각한다. 고로 존재한다."

이 유명한 말을 다른 철학자가 아래와 같이 반박합니다.

"생각하는 것은 맞지만, 그 생각이 당신의 생각인지는 모르겠다."
즉 내가 하는 생각이 '나의 생각인지 아닌지도 모른다'라고 철학자들은 이야기합니다.
내가 알고 있는지 모르는지 스스로 모른다는 이야기가 될 수도 있습니다.
소크라테스는 이렇게 말했습니다.
"나는 내가 모른다는 것은 안다."
이런 문장들의 의미를 고민하다가 아래와 같이 이해를 했습니다.

아래 두 개의 질문에 'Yes' 또는 'No'로 답변을 해주시기 바랍니다.

> ① 전 오바마 미국 대통령은 흑인인가?(Yes, No)
> ② 아빠가 흑인이고, 엄마가 백인이면, 그 사이에 태어난 아들은 흑인인가?(Yes, No)

위의 두 질문에 쉽게 같은 답을 내지 못하면, 1번의 답으로 알고 있던 'Yes'는 나의 생각이 아닙니다. 1번과 2번은 정확하게 같은 질문입니다.
같은 질문에 다른 답을 한다는 것은 명확하게 자신이 고민하고 결정한 생각이 아닙니다.

최초의 흑인 대통령으로 알고 있기 때문에 1번 질문에는 'Yes'로 생각하고, 이것은 집단의 생각입니다.

2번 질문에는 혼혈이라고 생각하기 때문에 쉽게 'Yes'라고 답을 하지 못합니다. 이것은 자신의 생각입니다.

이제 같은 질문이라는 것을 알게 되면 1번 질문에 대해서 다시 고민을 하게 될 것입니다.

"생각하는 것은 맞지만, 그 생각이 당신의 생각인지는 모르겠다."는 말의 의미를 이해시키려면 이렇게 설명해야 될 것 같습니다.

명확하게 동일한 질문이나 쉽게 같은 답을 하는 분을 거의 보지 못했습니다.

인간은 누구나 자신이 속한 집단의 생각에 영향을 받으며, 자신의 집단과 동일한 생각을 하게 됩니다.

집단의 생각에 대해서는, 주변의 많은 사람들의 동일한 생각에 무조건 맞는 것이라고 생각하고 의심하지 않습니다. 이런 생각의 틀을 깰 수 있는 사람이 위대한 사람들입니다.

생각의 고정 관념을 깨는 것에서 혁신이 나옵니다.

'만물은 서로 당기는 힘을 가지고 있다.'라는 생각을 하기 위해서는 '땅으로 떨어지는 것이 당연하다.'라는 생각을 버려야 합니다.

철갑선을 만들기 전에, 쇳덩어리가 물 위에 뜰 수 없다는 생각을 버려야 합니다.

비행기를 만들기 전에, 사람이 하늘을 날 수 없다는 생각을 버려야 합니다.

개인용 컴퓨터를 만들기 전에, '일반 가정에 컴퓨터는 필요 없다'라는 생각을 버려야 합니다.

우리가 지금 당연하다고 생각하는 것들이 한때는 가장 큰 반대를 가진 생각 들이었습니다. 심지어 신변의 위험까지 있기도 했습니다.

"지구는 돌고 있다."

이제 소크라테스의 말로 돌아가 보겠습니다.

"나는 내가 모른다는 것은 안다."

얼마나 위대한 말입니까?

초식 동물처럼 살아라

육식 동물은 다른 동물을 공격합니다. 그러나 초식 동물은 자신의 길을 갑니다.

　많은 사람들이 사자나 호랑이의 강함을 착각하여 멋있다고 말합니다. 실제로, 사자나 호랑이가 사냥하는 동물은 어리거나 늙어서 힘이 빠진 동물입니다.

　전성기의 초식 동물을 잘 공격하지 않습니다.
　육식 동물은 강한 체 하나, 실제는 약한 상대를 공격합니다.
　많은 사람들은 초식 동물이 순하고 약하다고 생각합니다. 그래서 우리는 호랑이 같은 맹수를 무서워하고 경계를 합니다. 그러나 실제는 대형 초식 동물에 의한 사고가 더 많은 것이 사실입니다.

　대형 초식 동물은 귀찮게 하지 말라는 뜻으로 부딪치는데, 약한 우리는 생명에 위험한 순간을 맞을 수 있습니다.
　실제 강한 동물은 코끼리이며, 호랑이나 사자도 상대가 되지 않습니다. 초식 동물은 먼저 공격하지 않으나, 분노하면 맹수를 압도하기도 합니다.

　강한 체하나 약한 동물을 공격하는 육식 동물처럼 살지 말고, 약해 보이나 강하며, 자신의 길을 가는 초식 동물처럼 살고 싶습니다.

하늘의 뜻

목표가 있고,
다른 방법이 없다면,
어떻게든 되게 하려고 노력할 뿐이다.

최선을 다하는 것이 나의 역할,
결과는 하늘에 맡긴다.

우리 조상들은 '하늘의 뜻'이라는 것으로 이것을 표현했다.
안된다고 포기하는 순간이, 끝나는 순간이다.

포기를 하지 않으면, 기회가 올 수도 있다.
기회를 놓치지 않기 위해서, 모든 것을 다하면 된다.

기적은 이 순간에 일어난다.
포기하는 사람은 기적을 만들 수 없다.

항상 성공하려고 하면,
도전할 수도 없다.

꿈을 키워라

능력이 있어서 꿈을 꾸는 것이 아니라, 꿈을 이루기 위해 능력을 키우는 겁니다.

꿈을 이루기 위해서 방법을 찾는 것입니다.

꿈의 크기가 크면, 현재의 방법으로 불가능할 수 있습니다. 그러면 기존에 없는 방법을 만들어서 이루어야 합니다.

위대한 인물들은 꿈을 꾸고 도전하여 이루었습니다.

물론 실패한 사람도 있다는 것이 사실입니다. 그러나 실패로도 우리에게 감동을 주고, 위인으로 남기도 합니다.

스스로의 한계에 도전해 보세요. 내가 다다를 수 있는 끝은 어디인지? 남들이 불가능하다는 것들이 진짜 불가능한지 확인해보세요.

꿈은 목적이 되며, 이것이 성과의 차이를 만듭니다.

현재 꿈이 없다면, 현재 하고 있는 일에 충실하면 됩니다.

앞으로 하고 싶은 꿈이 생긴다면, 도움이 될 것입니다.

자기가 하고 싶은 것은 스스로 찾아야 합니다.

그래야 실패해도 후회하지 않습니다.

그래야 성공도 가능성이 커집니다.

천재이기 때문에 할 수 있는 것이 아니라,
도전한 사람 중에, 업적을 이루어 '천재'라며 역사에 남게 됩니다.

정의는 승리하는가

정의가 항상 승리한다는 역사적 근거는 없습니다.
무엇이 정의인지 구분하는 것도 쉬운 일이 아닙니다.

정의는 그것을 지키는 사람이 있을 때 승리합니다.
정의가 패배한 것이 아니라, 그것을 지키는 사람이 없을 뿐입니다.

천재는 없다

인간은 자기가 진정으로 소망하는 것을 이룰 수 있을 뿐입니다.
　물론 모든 소망을 이룰 수는 없습니다. 그러나 소망을 해야 이룰 가능성이 생깁니다.

　좋은 대학에 가기 원했다면 그것을 이룰 수 있고,

학문의 끝을 보기 원했다면 그것을 이룰 수 있습니다.

꿈이 크면, 이루는데 시간이 더 많이 걸리게 됩니다.
"꿈을 크게 가져라"라고 많이 말을 합니다.
작을 꿈을 빨리 이루는 것보다, 큰 꿈을 늦게 이루어 보는 것도 나쁘지 않습니다. 하지만 큰 꿈을 이루는 사람은 얼마 되지 않습니다.

소프트웨어 관련 베스트셀러 '리팩토링'을 읽고, 다른 사람들은 내용을 암기하여, 지식을 칭찬받았고, 저는 본질인 '나쁜 냄새'를 고민하여, '잘 이해하지 못한 사람'이라는 평가를 받았습니다.

제가 '나쁜 냄새'를 느끼게 되었을 때, 다른 사람들의 놀라움을 받았습니다.
재밌는 것은 '나쁜 냄새'는 프로그램뿐 아니라, 세상 모든 곳에서 느낄 수 있다는 것을 알게 되었습니다.

직장에서 원하는 첫 번째 것이 무엇입니까?
승진, 근속, 행복, 금전, 자기 발전…….
업무 능력이 첫 번째 것이 아닌 사람들이 대부분입니다.
저는 얻고자 하는 것이 다른 사람과 달랐을 뿐입니다.

냉정함과 비열함

일방적인 도움을 요청한 후, 사정이 되지 않아, 거부를 하면 냉정하다며 비난을 합니다.

비난을 하는 것은, 평균보다 나쁘다는 표현입니다.

자신에게는 이익이며, 타인에게는 시간을 투자해야 하는 일입니다.
다른 업무로 바빠서 거부했다는 이유로 냉정하다고 비난을 합니다. 이런 사람들은 도와주어도 고맙다는 생각하지 않을 겁니다. 당연한 것이라고 생각하기 때문입니다.

남에게 손해를 강요하는 사람들은 도움받을 자격이 없고, 비열하다고, 표현해야 합니다.

그들은 냉정하다고 비난하며, 자신의 비열함을 감추려 합니다.

프랑스 계몽주의 학파의 볼테르의 말이 생각이 나서 추가합니다.

"사람들은 할 말이 없으면 욕을 한다."

게임은 재미있고, 공부(업무)는 재미없는가

전 종종 이렇게 말합니다.

"난 개발하는 것이 재밌어."

재미있는 이유는 알아 가는 과정이 재밌고, 어려웠다가 쉬워지는 과정이 재밌는 것입니다. 개발 과정은 단순 작업이 아니기 때문에 이해하는 과정이 필수입니다.
컴퓨터 게임도 같을 겁니다.
모르면서 알아 가는 과정이 재밌고, 잘 안되어서 스트레스받다가, 잘할 수 있게 되면 재미가 생깁니다.

프로게이머들도 직업이 되면 즐겁지 않게 되는 경우가 있습니다. 게임 연습을 안 한다고 비난을 받는 경우도 있습니다. 직업으로 하면 재미가 없고, 의무로만 하면 힘들기만 합니다.

예전에 한 프로 바둑 기사의 책을 본 적이 있습니다. 그분은 아마추어 바둑 기사에서 전국 대회 우승 후, 프로 바둑 기사가 되었습니다. 그리고 동료 프로 바둑 기사들은 바둑이 힘들다고 하는데, 그 이유를 느끼지 못했습니다.
"이제야 그 이유를 알 것 같다."라고 말한 것은 프로가 된 이후, 수

년이 지나서입니다.

이제는 즐기는 것이 아니라 의무가 된 것입니다.

아마추어들은 즐겁게 바둑을 즐기며 밤을 새우기도 하는데, 프로들은 의무가 되니 즐겁지 않습니다.

아이들에게 게임을 재미없게 하는 방법은 간단합니다.

공부를 시키듯이, 의무를 부과하면 재미없게 만들어집니다.

"넌 왜 이렇게 게임을 못 해? 내가 언제 하지 말라고 했어? 너 요거 못하니 계속 게임 연습해서 실수 없게 해."

"각 유닛의 공격력, 방어력, 체력을 다 암기해야지. 왜 못해?"

끝까지 잘하는 아이는 프로게이머로 키우시는 것도 고민해 보시면 됩니다.

아이가 계속 게임을 좋아하면, 의무를 부과하며, 괴롭히는 것을 못 하시는 것일 수도 있으나, 그것이 아니라면 아이가 게임에 재능이 있을 수 있습니다.

공부나 업무나 다 같은 것 아닐까요?

원래는 재밌는 것입니다. 단지 의무가 되어서 끌려가니 속도를 맞추지 못해서 재미를 못 느끼게 됩니다.

"즐기는 자를 이기지 못한다."라는 말은 힘들지 않다는 뜻이 아니라, 즐기며 이겨 낸다는 뜻으로 생각합니다.

더 많은 시간을 투자하여, 더 높은 경지에 이른다는 뜻입니다.

시기도 재능이다

시기를 한다는 것은 상대가 가지고 있는 것의 가치를 알고 부러워한다는 것입니다. 가치를 안다는 것은 그 분야에 재능이 있다고 이야기할 수 있습니다.

부러움에서 시기의 감정까지는 인간으로서 어쩔 수 없으나, 스스로의 감정을 통제 못 하여, 딴죽을 걸거나 괴롭힘 등의 형태로 발전을 하면 스스로에게 손해가 됩니다.

조금은 마음의 위로가 될 수 있으나, 엉뚱한 곳에 자신의 에너지를 소비하여 스스로 나아가지 못하게 됩니다.

미국의 자동차 왕이 자동차를 대중화시키는 천재적인 발상과 부러움을 보여 줄 때, 그것을 인정하고, 주유소를 만들어서 도움을 준 사람이 더 큰 부를 소유하게 됩니다.

만약 시기의 마음으로 방해를 하기에 바빴다면, 우리는 '록펠러'라는 이름을 지금 모르고 있을 수 있습니다.

변명을 찾는 것은 인간의 본성이다

저를 포함해서 누구나, 변명을 찾아서 자신을 방어하려고 합니다. 그러나 이것을 뛰어넘어야 성장할 수 있습니다.

남 탓, 외부 탓으로만 생각하면, 내 잘못이 아니기 때문에 스스로를 바꾸려고 하지 않게 됩니다.

안되면 내 탓으로 여겨야 합니다. 그래야 다음에는 좀 더 나은 대응을 할 수 있습니다.
잘못을 인정하지 못하는 이유는 간단합니다.
인정하는 순간 공격을 받기 때문입니다.

약해 보이면 공격하려는 하이에나들이 너무 많은 것도 사실입니다. 그래도 실수를 하면 안 된다는 완벽함을 버려야 합니다.

인간은 완벽하지 못하며, 실수와 잘못을 하는 것에 익숙합니다.

더 좋은 방법은 항상 있으며, 더 나은 방법을 알지 못한 것은 잘못도 아닙니다.

진정한 잘못은, 알고도 고치려고 노력하지 않는 것입니다.

잘못을 인정하고 고쳐가며 강해져야 합니다.

강해지고 나면, 잘못을 인정해도, 강함을 알고 하이에나들은 덤비지 못하게 됩니다.

하이에나가 무서워서, 스스로 강해지는 것을 포기하면 안 됩니다. 하이에나의 길을 선택하면 스스로 강해지지 못하게 됩니다.

남이 실수를 하기만 기다리고, 힘을 낭비하기 때문입니다. 그러나 쉬운 길이기 때문에 많은 사람들이 하이에나의 길을 선택하기도 합니다.

힘들지만 스스로 강해지는 길을 선택해야 합니다.

나는 세상을 원망하지 않는다

세상은 과거에도 그랬고, 현재도 그럴 뿐이다.
변하지 않았고,
변하지 않으며,
미래에도 변하지 않을 것이다.

예전에 내가 세상이 원망스러울 때는,
내가 세상에 순응하지 않았고,
내가 원하는 바가 있었을 뿐이다.

세상은 항상 내게 바라는 것이 없고,
세상에 이제 내가 바라는 바가 없다,

이제야 세상에 속에 순응하게 되었다.

인간은 슬픈 존재

인간은 완벽하지 못하여, 완벽을 추구하나, 결국 완벽에 도달하지 못하는 '슬픈 존재'의 운명입니다. 그러나 이러한 운명에 도전하는 노력과 모습으로 '감동을 줄 수 있는 존재'입니다.

고대의 그리스 신화에 나오는 많은 것은, '신에 대한 인간의 도전'입니다. 즉 '완벽함에 대한 도전'입니다.

이룰 수 없는 것에 대한 인간의 무모한 도전은 우리에게 감동을 줍니다. 이것을 '비극'이라 표현할 수 있습니다.

세익스피어의 4대 비극은 햄릿, 리어왕, 오델로, 멕베드입니다. 이상하게도 세익스피어의 4대 비극에 우리가 잘 아는 '로미오와 줄리엣'은 포함이 되지 않습니다. 작품성이 모자라서, 유명하지 않은 이유가 아니라, 인간의 운명에 대한 도전이 없는 것이 원인일 겁니다.

'로미오와 줄리엣'은 인간 사이의 오해와 관습에 의한 슬픔을 표현했습니다.

완벽하지 못해서, 완벽에 도전하는 모습으로 감동을 주는 존재가 인간입니다.

신화 속에서, 신에게 도전한 많은 사람들은 비참해지고, 망가집니다. 그러나 다시 무모하게 도전하기도 하는 것이 인간입니다.

즐거움의 끝

즐거움의 끝은 '공허함'입니다.

인간이 즐거움과 쾌락을 느끼는 것은 여러 가지가 있습니다.

약물, 도박, 이성 교제, 남녀 간의 사랑, 여행, 공포감, 성취감…….

신기하게도 공포감에서도 쾌락을 느낀다고 합니다.
공포 영화라는 장르가 있는 것을 보면 맞는 것 같습니다.
즐겁지 않은 것을 스스로 원해서 찾지는 않을 것입니다.

무엇이든 상관이 없습니다. 자신이 좋아하는 것을 하나만 정해서 그것만을 계속해 보시면 됩니다. 결국 즐거운 것도, 어느 순간 즐거움을 느끼지 못하는 순간이 오고, '공허함'을 느끼게 됩니다.

컴퓨터 게임을 좋아하는 사람도, 계속해서 게임만 하게 하면 공허함을 느끼게 됩니다.

다른 즐거운 것도 마찬가지입니다.

영화를 좋아하는 사람도 영화만 계속해서 보지는 못합니다. 공허함을 느끼고 즐거움을 잃어버립니다.

인간의 전통적인 주식은 쌀과 빵인데, 특이하게 강한 맛이 없습니다. 우리는 맛있는 설탕이나 크림이 많이 들어간 빵을 생각하나, 서양의 주식은 그런 빵이 아닙니다. 과거 설탕 자체가 너무나 비싸서, 설탕을 먹는 사람은 상류층인 시대도 있었고, 달달한 빵은 주식이 될 수 없습니다.
재미있는 것은, 현재도 우리의 주식인 쌀도 강한 맛이 없습니다. 강한 맛이 없어서 매일 먹을 수 있는 것이 아닐까요?

반대로 이야기해 보면, 크림이 듬뿍 들어 맛있는 케익을 주식으로 하지 않습니다. 아무리 맛있는 케익도 계속 먹을 수는 없습니다.

즐거움도 음식과 같이, 강한 것은 계속해서 느끼지 못하는 것 같습니다. 인간이 느끼는 즐거움 중에 공허함이 없는 것은 '성취감' 뿐이 아닐까 생각해 봅니다.
성취의 순간에 강렬한 희열을 느끼고 다음에 이루어야 하는 것이 보이기 때문에, 다시 도전해야 하여 공허할 틈이 없습니다.

언제 자랑하고, 언제 겸손해야 하는가?

사람들에게 자신을 알리는 것(자랑, PR)이 필요하며, 교만(휴브리스)하게 되면, 망하게 되는 것도 알아야 합니다.

각각은 이해하겠는데, 언제 자랑하고 언제 겸손하여 교만을 조심해야 하는가?
'언제'에 대한 답은 본 적이 없습니다. 결과론을 설명하는 것은 많이 보았습니다.

고민 끝에 이렇게 결론을 내려봅니다.

명성이 낮으면, 자랑하여 자신을 알리고, 명성이 높으면, 교만하지 말고 겸손해라. 이것이 명성을 얻고, 명성을 유지하는 방법이다.

조지 버나드 쇼의 아래 어록도 참고하시면 됩니다.

"남들이 오만하다고 생각하지도 않는 정도의 자신감은 쓸모도 없다."

남을 돕는 마음

남을 돕는 것은 훌륭한 것이며, 돕는 사람의 마음에 따라서 2가지로 구분할 수 있습니다.

① 불쌍하다 생각하여 남을 돕는 것

② 존중하며 돕는 것

불교에서 말하는 돕는 것은 '모든 이가 부처이며, 부처님이 배가 고프니 양식을 드리는 것'입니다.
성경에서는 '내 이웃을 내 몸과 같이 사랑하라.'라고 되어있습니다.
표현이 다를 뿐, 동일한 것을 말하고 있습니다.

불쌍해서 돕는 것이 아니라, 존중하며 돕는 것입니다.

내가 베풀지만, 내가 높다고 생각하며 도움을 주는 것이 아닙니다.

성인들은 타인을 돕는 것에도, 다른 생각을 가지고 도움을 주는 것을 느낍니다.

저는 아직 미래에 대한 두려움과 가지고 싶은 것도 있어서, 이러한 경지에 이르지 못했습니다.

단지 상대를 존중하며 도와야 한다는 것을 알았을 뿐입니다.

부자로 태어나는 이유 (환생론)

환생론에 따르면, 현재의 생을 바르게 살면, 다음 생에서는 부자(높은 신분)로 태어나게 된다고 합니다. 이것을 하층민을 제어하기 위한 사회적 제도라고 설명하시는 분들도 있습니다.

여러 가지 방면으로 생각해보아야 하기 때문에, 이번에는 종교적 의미로 다른 해석을 해보고 싶습니다.

먼저 지배력 강화 수단이라는 것은 너무 세속적입니다.

종교에서는 돈을 최고의 가치로 생각하지 않고, 인간의 영혼과 정신적인 면을 중요시합니다. 그러나 왜 부자로 태어나는 것을 좋은 것이라고 하며, 세속적인 것에 높은 가치를 두는 것인지 고민을 해야 했습니다.

어려움을 이기는 것이 높은 가치인 것이 우리에게는 당연합니다.

부자로 태어나는 것은 더 편한 삶이 되는데, 왜 높은 가치가 될까요? 부자는 가난한 것보다 더 쉬운 환경임이 분명한 것이 틀림없습니다.

고민 끝에, "부자로 태어나는 것은 '더 어려운 시험'이다."라고 결론을 내립니다.

어렵고 힘든 상황을 이기는 것보다, 너무나 편안한 상황을 이기는 것이 더 어렵습니다. 즉, 스스로의 나태함을 이기는 것과 타인에 대한 스스로의 마음에 대한 시험을 위해서 부자로 태어나는 것일 겁니다.

1단계 시험은 어려움을 이기는 것이고, 2단계 시험은 남에게 베푸는 시험입니다. 1단계 시험은 외부와의 싸움이고, 2단계 시험은 자신과의 싸움입니다.

1단계 시험을 통과하였기 때문에 부자로 태어나서, 더 어려운 2단계 시험으로 가는 것으로 해석하고 싶습니다.

부자로 태어난 것은 아니지만, 2단계 시험을 통과한 분을 소개드립니다.

Chuck Feeney (척 피니)

- 1931년 이민자의 노동자 아들로 태어남

- 1960년 DFS면세점 공동 창업

- 1988년 미국 경제지에 돈밖에 모르는 억만장자로 소개됨

- 1997년 비밀 회계 장부를 검사에게 들킴
  공금 횡령을 기대하였으나…….
  40억 달러 (약 4조 원)를 기부해 온 것이 밝혀짐.
  "기부가 알려지면 지원을 끊겠습니다."라고 함.
  기부한 사실이 세상에 알려지지 않았음.

- "남을 도울 때 자랑하지 말아라."라고 한 부모님의 영향을 받음.
- 죽기 전까지 약 9조 원 이상을 기부.
- 빌게이츠에게는 롤 모델, 워렌 버핏의 영웅.
- 구두쇠라는 오명을 견디며, 엄청난 금액의 기부를 몰래 함.

- 만 원짜리 시계를 손목에 차고 다니며, 자동차를 소유하지 않고, 버스를 타고 비행기의 이코노미석을 이용한 사람.

- 몰래 기부하는 것은 엄청난 일입니다. 그러나 노린내 난다는 소리를 들으면서도, 내색하지 않고 몰래 묵묵히 기부하는 천사.
- 인간이라 생각하면 절대 이해가 안 되는 인간.

> - '비밀 회계 장부'에 어두운 이미지만 있는 것이 아니라는 것을 확인해 준 사람.
>
> 인간의 상식과 편견이, 얼마나 선한 사람을 괴롭게 하는지 보여주는 예.
> (10년 이상을 노린내 난다라며 비난함)

음식의 맛

예전에 영어를 공부할 때, 흥미로운 영문 하나를 읽은 적이 있습니다. 음식의 맛에 대한 심리적 요인에 관한 설명입니다.

간편식 치킨 요리 제품을 만들어서, 두 곳에 테스트하였습니다.

하나는 '영국 군인'들에게 먹게 하였고, 좋지 못한 평가를 받았습니다. 이런 음식이나 배급해 준다고 불평을 했습니다.

다른 하나는 '고급 레스토랑'이었습니다. 예쁜 접시에 정성스럽게 담았으나, 음식이라는 내용물은 동일하며, 요리 방법도 동일합니다.
결과는 완전히 다르게 나왔습니다.
"역시 이 레스토랑은 맛있어."라고 평가를 받았습니다.

음식의 맛을 느끼기 위해서는 조용한 음악과 천천히 먹는 것이 필요하다는 이야기도 있었습니다. 즉 음식뿐 아니라, 맛을 음미할 '마음의 여유'가 다른 평가를 하게 될 수도 있습니다.

사람도 '마음의 여유'를 가지고 다시 보셔야 합니다.
그 사람도 무엇인가 이유가 있을 것입니다.
다른 평가를 할 수도 있을 것이다.

헬렌켈러

인간에게 언어가 얼마나 중요한 것인지 확인할 수 있는 중요한 사례로 헬렌켈러의 사례를 보면 알 수 있습니다.

헬렌켈러는 생후 19개월이 되어서 뇌막염으로 시각과 청각에 장애를 가지게 됩니다. 청각 장애는 말을 하지 못하게 되는 원인이 되어 벙어리라는 장애도 가지게 됩니다.
7살에 설리번 선생님을 만나면서 언어를 배우고, 말하는 방법까지 배우게 됩니다.

앤 설리번 선생님을 만나기 전에 집안에서 60개가 넘는 수화를 통해서 의사소통을 하고 있었으며, 설리번 선생님의 가르침 아래 최초의 학사 학위를 받은 시각 청각 장애인이 됩니다.

앤 설리번 선생님은 헬렌켈러에게 말하기를 가르치기 위해서 자신의 얼굴을 만지게 했습니다. 이러한 방법으로 말하기를 배우게 됩니다. 눈으로 보지 못하니 촉각으로 느끼고 많은 시행착오를 겪으며 배워 나갔을 겁니다.

교육에 의한 것이 아니라 자신의 의사를 전달하기 위해서 60개가 넘는 수화를 사용하고 있었으며, 문자를 배운 이후 사고의 깊이 달라질 수밖에 없을 겁니다.

많은 사람들이 헬렌켈러의 말하는 것과 대학에 맞는 교양과 지식을 가진 것을 놀라워합니다. 그러나 제가 가장 놀라운 것은 보지도 듣지도 못하는 암흑과 같은 삶을 이겨 나가는 그녀의 정신력에 높은 점수를 주고 싶습니다.

헬렌켈러보다 설리번 선생님

설리번 선생님은 정상적인 지능을 가진 어떤 아이라도 헬렌켈러처럼 만들었을 것입니다.

설리번 선생님처럼 되는 것이 무척 힘든 것일 겁니다.

시각, 청각 장애를 가진 아이에게, 단순한 하나를 알려주기 위해서 얼마나 많은 애정을 주어야 했을지 가늠이 되지 않습니다.

기본적인 것도 빨리 배우지 못하는 헬렌켈러에게 얼마나 큰 답답함을 인내하며, 애정을 주었을까요?

헬렌켈러에게는 자신을 그렇게 대해 주는 사람은 가족도 아니고, 설리번 선생님뿐이었습니다.

설리번 선생님은 헬렌켈러가 아니라, 듣는 것이라도 가능한 아이의 선생이 되는 것이 자신에게 더 편했을 것입니다.

끝까지 포기하지 않은 사람은, 헬렌켈러가 아니라 설리번 선생님이라고 생각합니다.

어떻게 보면 설리번 선생님의 평생 작품이 헬렌켈러 일 겁니다.

우리는 스스로를 되돌아봐야 합니다.

말 잘하고, 정상적으로 보고, 정상적으로 듣고 이해하는 사람을 '멍청하다'라고 하지 않습니까?

지배형을 키우는 교육

싸우는 모습을 보고, '형인데, 왜 그래'라고 부모가 하는 이유는 무엇일까요?

여러 가지 이유가 있겠지만, 자세한 상황을 파악하려는 여유가 어른에게는 없습니다.

정확한 이유를 파악하고, 알려주고 수정하는 것이 아니라, 부모 앞에서 싸우는 것을 보기 싫은 마음이 더 우선이 되었기 때문입니다.

모든 것을 쉽게 판결하면 됩니다.

'형인데, 왜 그래'

아이들은 '명확한 이유는 필요가 없다는 것'을 어른에게서 배우게 됩니다. '관계만 필요하다'는 것을 어른에서 배웁니다. 이것이 성인이 되면 위험해질 수 있습니다.

"내가 상급자인데, 왜 그래."

누구의 잘못인지 생각할 필요가 없습니다.

'내가 상사이기 때문에 모두 옳다'는 생각이면 됩니다.
이것은 우리가 받아온, 부모의 교육이었습니다.

직장 속의 소시오패스

먼저 소시오패스가 무엇인지 이해해야 합니다.

심리학자 마사 스타우트는 '당신 옆의 소시오패스'라는 책에서 소시오패스 관련 이야기를 합니다.

소시오패스는 전체인구의 4%로, 대략 100명이 모인 집단에서 98%의 확률로 최소한 한 명 이상의 소시오패스가 있습니다.

소시오패스의 특징은 아래와 같습니다.

① 자신의 성공을 위해 나쁜 짓을 저질러도, 양심의 가책을 느끼는 법이 없다.

② 자신의 성공을 위해 타인을 이용하는데 능숙하다.

③ 약속을 어기는 일이 많다.

④ 능수능란한 거짓말로 자신의 성격을 카리스마와 리더십으로 위장
한다.

⑤ 친구와 동료 사이를 이간질해서 갈등을 일으키게 만든다.

⑥ 자신의 이익을 위해서라면 집단의 위험도 불사한다.

⑦ 자기 잘못이 들통날 경우 동정심에 호소한다.
⑧ 매사에 냉정하고 다른 사람의 말에 공감하지 못한다.

⑨ 자기 때문에 타인이 받는 고통을 큰 목적을 위한 희생이라고 합리
화한다.

먼저 내가 소시오패스인가를 고민해 봅니다.
결론은 소시오패스가 아닙니다.
남을 이용하는 것이 아니라, 스스로 성과를 내는 것에 집중합니다. 상대방에게 한 말을 지키려고 노력합니다. 내가 하기 싫으면, 남도 하기 싫다는 것을 인정하며, 이것을 상호존중이라고 생각합니다. 물론 냉정하다는 말은 많이 들었으나, 정당한 요구를 매몰차게 거절한 적은 없습니다.
일방적인 구걸에 대해서는, 여유가 안 되면, 어쩔 수 없이 거절하고, 계속적으로 요구하면, 서로 시간을 낭비하지 않으려고, 매몰차게 거

절하기도 합니다. 이것을 이유로 나를 냉정하다고 비난할 뿐입니다.

제가 냉정하다고 말하는 사람은, 제 앞에서 구체적으로 그 상황을 이야기해 주시면 됩니다. 당시 상황이 그런 부탁을 들어줄 수 있었는지 설명해 줄 수 있을 겁니다.

구걸을 안 받아 준다고 냉정하다면, 당신은 1년에 얼마나 기부를 하는지 물어보고 싶습니다.

반대로 생각해 보면, 나는 소시오패스와 자주 부딪히는 것이 아닐까요?

저는 소시오패스가 노리기에는 딱 좋은 표적일 수 있습니다. 성과를 낼 능력이 되고, 사내 정치에는 별로 신경을 쓰지 않는 편입니다.

저에 대한 소시오패스의 문제는, 바보같이 이용만 당해 주지 않는다는 겁니다. 일정한 선을 넘었다고 생각되면, 단호히 저지며, 이때부터 소시오패스와 부딪히는 것이 시작됩니다.

저를 이용하고 자신의 성과로 포장을 해야 하나, 선을 넘으면 브레이크를 걸어버립니다. 권위로 눌러보려고 작전을 바꾸어 보나, 권위도 통하지 않습니다. 오히려 냉정하게 이치를 따져서, 인정하게 만들어 버립니다.

저에게는 권위마저 통하지 않으니, 다른 방법을 쓰게 되는데, 그 방법은 화를 내는 것입니다. 저에게 화를 내면 "왜 화를 내시죠?"라고 반문을 합니다.

저는 의무를 다하고 있음을 설명하고, 화를 내는 사람만 뻘쭘해지게 만들고, 속 좁은 인간이라는 것이 드러나게 됩니다. 게다가 사실을 말하는데 크게 거부감이 없어서, 사실들을 냉정히 말합니다.

거짓말을 특징으로 하는 소시오패스에게, 거짓말을 드러내는 행동은 사형선고나 다름이 없을 겁니다.
거짓말을 하는 사람이라는 것이 드러나면, 거짓말을 하기가 더 힘들어지게 됩니다.

돌이켜 보면, 저는 소시오패스의 천적이었을 지도 모르겠습니다. 능력에 끌려서 이용해 먹으려 접근했으나, 이용하기 쉽지 않고, 소시오패스라는 정체를 드러내게 만드는 사람이었을 수도 있습니다.

실제 있었던 일화를 하나 소개해 드리면, 프로젝트 진행 중에 다른 프로젝트로 업무가 변경되었습니다. 먼저 진행 중이던 분이 저에게 인수인계를 해주셔야 하는데, 아무런 인수인계를 해주지 않았습니다. 정확한 원인은 알 수는 없지만, 먼저 하던 담당자가 업무 진행을 사실대로 보고하지 않고, 거짓으로 은폐하려고 하는 것으로 추측합니다.

점심 식사 시간에, 길거리에서 갑자기 저에게 이렇게 이야기했습니다.

"궁금한 것이 있으면, 지금 물어보세요. 지금 아니면 시간이 없어서 인수인계 못 합니다."

그냥 황당해서, 이렇게 답변을 해주었습니다.

"제가 아는 것이 없어서, 먼저 브리핑을 해 주셔야 할 것 같습니다. 저는 현재 무엇을 물어봐야 할지도 모릅니다."

변경된 프로젝트의 업무를 시작하는데, 상급자분께서 나에게 "다 된 거라고 들었다."라고 하셨습니다. 이해할 수 없는 것은 "인수인계를 위해서 한 달을 같이 있도록 해주었는데, 왜 이러느냐?"고 저에게 질문을 하셨습니다. 저는 이상한 느낌이 들어서, 사실을 이야기 했습니다.

"인수인계는 점심시간에 식당에 가면서, 길에서 5분간 받은 게 전부입니다."

당시 둘만 있던 것이 아니기 때문에, 사실관계는 드러나게 되었습니다.

일반적으로 이런 상황에서, 대부분은 연차가 높은 인수 인계자의 행동을 사실대로 말하지 않을 것입니다. 인수 인계자가 노리는 것은 자신이 업무를 많이 했다고 포장하고, 시간 끌다가 넘기는 것이라고 생각합니다. 그러나 사실을 말하는 것으로 그 계획은 어렵게 되었습니다. 물론 일부러 시간을 끄는 것이 아니라 성과를 내지 못하여 시간이 흘러간 것입니다.

제가 냉정한 것이 아니라, 성과만 가져가려고 하는 것을 저지한 것이며, 제가 거짓을 이야기한 것이 아니라, 거짓을 드러낸 것입니다.

악독함을 냉정함으로 대응한 것이니, 최소한 한 단계 낮추어서 대응해 주었습니다.

성과만 가져가려는 것도 정치적인 능력이라 생각을 하지만, '다 된 것도 못 하는 바보'로 만들려고 하는 것은 막아야 했습니다.
공격을 한 것이 아니라, 방어를 했을 뿐입니다.

"미안하지만, 나도 어쩔 수 없으니 부탁한다."라고 했다면, 상황은 달라졌을 겁니다.
가능하다면, 도움을 줄 수도 있습니다. 그러나 거짓말로 위장하여, 자신은 이익만 보며, 상대방은 손해만 생기게 하려고 했습니다. 이런 사람이 진짜로 있냐고 생각하시는 분도 있을 겁니다. 종종 있다고 말씀을 드립니다.

대부분은 몰라서 속고, 알아도 두려워서 숨깁니다.
조금 아는 지식으로 속이려고 하다가, 저에게 드러나게 되는 경우도 많습니다.

한국의 직장은 소시오패스에게 좋은 환경입니다.

소시오패스라고 무조건 중증만 생각해서는 안 됩니다.

약한 성향도 포함을 시키면, 한국 직장은 소시오패스들의 세상이라고도 생각할 수 있습니다.

상사에게 아부하며 비위를 맞추고, 권위로 아랫사람들을 무장 해제하여 이용합니다.

이용하여 성과를 내고, 아부하여 승진합니다.

직장 내에서 그들의 거짓말에 대항할 방법이 없습니다.

그래서 소시오패스들이 활개를 치게 됩니다.

앞에 말한 소시오패스의 특징에서 '칭찬하지 않는다.'를 추가하고 싶습니다.

성과가 나면, 자기가 한 것으로 위장을 해야 하는데, 남이 잘한 거라고 하면, 이용하기 어렵습니다.

"우리 상사는 소시오패스의 특징을 가지지 않았다고 말할 수 있는 직원이 얼마나 될까요?"

"반대로 소시오패스 같은 상사를 만나 본 적이 없다는 직원은 있을까요?"

프로이트의 영향을 받은 철학자 '아들러'는 생활 양식의 유형에서 사회적 관심이 낮고, 활동 수준이 높은 사람을 '지배형'이라고 했습니다.

'지배형'의 특징은, 타인에 대한 지배와 착취, 자신만의 이익을 추구하며, 통제 상황에서 어린 시절을 보낼 경우 나타난다고 합니다.

'남이 어떻게 되든 너만 잘되면 된다.'고 우리는 교육 하고 있는 경우가 많습니다. 게다가 학업을 위한 엄격한 통제를 겪게 됩니다. 이것은 아들러가 말한 환경과 매우 유사하게 됩니다.

지배형 또는 소시오패스를 만드는 교육이라고 해도, 크게 문제가 없습니다. 이런 교육을 받은 사람이 성장하여, 직장에서 어떻게 행동을 할지 두렵습니다.
문제는 이미 직장을 이런 사람들이 장악했다면, 어떻게 할 것인가?
이용을 당할 수밖에 없습니다.

"정의롭고, 정직하게 살아라."라고 가르쳐야 합니다.
 이렇게 하면, 최소한 거짓말을 드러나게 만들고, 적게 이용당할 수 있습니다.

환경이 바뀌어서, 가르치는 것도 바뀌어야 하는 것은 당연하며, 이제는 정직하게 사는 것이 이익입니다.

이 정도의 설명이면 "한국 직장은 소시오패스의 천국이다."라는 말이 충분하게 설명이 될 것입니다.

이해가 되지 않는다면, 위에 열거한 소시오패스의 특징을 가진 상사가 있는 가로 설문 조사를 해보면 됩니다.

물론 직접 해보지 않았으나, 결과가 두렵습니다.

인간도 전기로 움직이는 로봇인가

세상에 알려진 물리적인 힘에는 4가지가 있습니다.

① 아인슈타인이 발견한 핵폭탄의 원리가 되는 힘

　질량이 에너지가 되며, 질량과 에너지는 변환 가능.

　태양의 동작 원리.

② 원자단위가 서로 떨어지지 않게 작용하는 힘

　이것이 없으면, 모든 물체는 서로 연결되지 못하며, 먼지처럼 사라짐.

③ 뉴턴이 말한 인력의 힘

　우리가 지구에 살 수 있는 중요한 힘.

④ 전기의 힘

인간이 만든 로봇은 반도체가 핵심으로 전기의 힘으로 움직입니다.

위에서 말한 힘의 구분으로 보면, 인간도 전기로 움직이는 것은 동일합니다.

인간의 뇌가 전기로 움직이며, 근육 또한 전기의 힘을 기반으로 합니다. 인간이 만든 모터도 전기의 힘을 기반으로 합니다.
놀라운 점은 인간은 음식을 섭취하여, 자체적으로 발전기를 돌려서, 전기 에너지로 움직인다는 것입니다. 인간이 만든 대부분의 로봇은 자체 발전을 하지 못합니다.

영화 속의 아이언맨은 가슴에 작은 발전소를 가지고 있지만, 우리 주변의 대부분의 기계는 에너지를 외부로부터 공급을 받습니다. 물론 자체 발전기를 장착할 수 있지만 효율성이 좋지 않습니다.

지구상의 모든 동물들은 지방이나 탄수화물로 전기를 발생시켜 움직인다는 공통된 면을 가지고 있습니다.
결국 인간도 전기로 움직이는 하나의 물체라고 생각하면, 로봇과 동일하다고 할 수 있습니다.

그러면 로봇보다 인간이 비효율적일까요?
기원전에 야생에서 살기에 인간이 과연 약하기만 한 존재였는지 고민해 볼 필요가 있습니다. 매일 적당량의 식량과 물만 공급되면 생존할 수 있는 것이 인간입니다.

로봇이 생산성이 높은 이유는 로봇은 스스로 요구하는 것이 없기 때문입니다. 매일 적당량의 식량과 물만 공급하면 되는 노예라면 로봇보다 인간이 더 효율적이라고 할 수도 있습니다.

기계의 강력한 힘에 대해 생각해 보겠습니다.

우리 주변에 있는 강력한 힘을 가진 기계 중 하나는 자동차입니다. 강력한 힘을 가진 자동차의 엔진은 수명이 20년이 안 됩니다. 상업적으로 가능한 강력한 물질로 만들어도, 주기적으로 엔진 오일을 갈아주며 관리해도, 수명이 20년 정도입니다.
강한 힘만큼 수명이 적은 것입니다.

인간이 수명이 20년밖에 안 되는 관절을 가지게 되면, 불만이 많을 것입니다.

로봇이 학습 능력을 고려하는 시기가 되었지만, 아직 까지는 인간의 학습 능력이 더 뛰어나다고 봅니다.
개와 고양이를 잘 구분하지 못하는 어린이는 없습니다. 그러나 로봇은 개와 고양이를 잘 구분하지 못합니다.

바둑에서 인공지능이 이세돌을 이긴 것은 이세돌보다 더 많은 경험치에 의한 부분을 간과해서는 안 됩니다.

바둑 인공지능에게 "넌 왜 산수의 기초인 '1+1'을 모르니?"라고 말할 수 있기 때문에, 아직 인간이 열세이기만 한 것은 아니라고 볼 수도 있습니다.

인간은 다재다능합니다.
요리도 하고, 글씨도 쓰고, 말을 하고…….
로봇은 하나 주된 기능을 가지는 것이 현재의 모습입니다. 물론 더 발전한다면 로봇도 다재다능하게 될 수 있습니다. 그러나 아직은 아닙니다.

언어의 한계가 나의 한계인가

철학자 비트겐슈타인은 '내 언어의 한계가 내 세계의 한계'라는 입장을 가지고 있습니다.
너무나 위대한 철학자이며, 제가 존경하는 분이기 때문에 틀렸다는 표현을 쓰고 싶지 않습니다.
비트겐슈타인은 의식 또는 이성을 자신이라는 입장으로 표현했다고 말하고 싶습니다.

아이디어라는 것은 무의식에서 나옵니다. 그가 생각한 위대한 철학의 시작은 무의식의 결과물이며, 결국 무의식도 인간의 일부입니다.

무의식에서 나오는 결과물들은 인간의 언어로 표현하기 어렵습니다.

인간의 언어로 표현할 수 없는 무의식의 영감을 기반으로 자신의 철학을 이루어 나가는 것이기 때문에, 언어의 한계가 나의 한계는 아니라고 생각합니다.

언어를 통해서 이성적으로 구체적으로 구축하는 과정에는 언어의 한계라는 것이 생긴다는 것은 인정합니다.

결론적으로 언어의 한계가 나의 한계는 아닙니다.
인간은 언어의 한계를 뛰어넘는 무언가를 사용하고 있습니다. 이것은 인공지능이 나오면서 설명할 수 있게 되었습니다.

진실에는 두 가지가 있다

하나는 '증명할 수 있는 진실'이며, 다른 하나는 '증명하지 못하는 진실'입니다.

증명이 가능한 진실은 언제든 주장하여도 상관이 없으나, 증명하지 못하는 진실은 주장에 조심하여야 하며, 상대방의 생각이 다를 수 있음도 인정해야 합니다.

명확하게 증명하지 못했기 때문에, 어떤 사람은 동의를 하고, 어떤 사람은 그렇지 않을 수 있습니다.

증명하지 못하는 것을, 일방적으로 주장해서는 안 되며 강요해서도 안 됩니다.

증명하지 못하는 진실로는 종교적인 것, UFO 이야기, 고고학 그리고 여러 가지 음모론 등 너무나 많습니다.

너무 거대한 음모는 진실 여부에 상관없이, 개인이 증명하기 힘들 수 있습니다.

증명하지 못하는 진실을 개인적으로 마음이 맞는 사람과 이야기 하는 것은 상관없습니다. 그러나 확실하다고 주장해서는 안 됩니다.

"지구가 움직인다"라는 간단한 진실도 과거에는 종교재판에 회부되어 생명의 위협까지 받는 사건이기도 했습니다.

용기 있게 자신이 생각하는 진실을 말하는 것이 잘못이 아니나, 스스로 각오가 되어있는지에 대한 선택으로 생각해야 합니다.

진실을 드러내는 것에는 용기가 필요하며, 인류가 더 발전하기 위한 기본이 될 수 있습니다.

'태어나면서 핏줄에 따라서 신분이 정해지지 않는다'는 인간 평등이 법으로 명시된 시기가 얼마나 되었는지를 생각해 보면, 백 년 정도밖에 되지 않았습니다.

"왕후장상의 씨가 따로 있는가?"라는 물음은 기원전 209년 진승이 한 말인데, 이것이 완전히 받아지기까지는 2천 년이 걸렸다는 것입니다.

현재도 법적으로 인정을 받은 것이며, 사람의 생각은 완전히 변하지 않았다는 것이 사실일 겁니다.

조선 시대에 인간으로서 왕과 내가 동등하다고 주장하면, 그냥 죽일지 가족과 친척의 어디까지 죽여야 할지를 고민해야 하는 최고의 범죄(역모죄)였습니다.

북극을 처음 발견하였을 때, 학자들은 이곳엔 커다란 생명체가 살 수 없다고 말했습니다. 그리고 이것을 진실처럼 받아들였다.

지금의 우리는 '북극곰'을 알고 있어서, 이것이 거짓이라는 것을 알고 있습니다.

말할 수 없는 것에 대해서는 침묵해야 한다

앞의 글을 다시 읽어보다가, 비트겐슈타인이 말한 "말할 수 없는 것에 대해서는 침묵해야 한다."가 생각이 나서, 고민을 해보니 같은 의미로 보입니다.

철학 전공자가 아니기 때문에, 대 철학자를 이해하기 어려우니, 아래는 참고만 해 주셨으면 합니다.

비트겐슈타인은 '말할 수 있는 것'과 '말할 수 없는 것'으로 구분하였고, 구분 기준은 논리적인 명제인지 여부입니다.

앞에서 이야기한 '증명 가능한 진실'과 '증명하지 못하는 진실'도 같은 근거로 구분이 됩니다.

차이점은 비트겐슈타인의 표현은 단정적이며 어렵고, 여기서 한 표현은 부드럽고 쉽습니다.

아래 표현이 쉽지 않으신가요?

"증명하지 못하는 진실은, 일방적으로 주장해서는 안 되며 강요해서도 안 됩니다."

비트겐슈타인은 '침묵해야 한다'라고 했고, 이 책에서는 상대방의 생각이 다를 수 있으니 '조심해야 한다.'라고 표현했습니다.

신기한 것은 예전에 "말할 수 없는 것에 대해서는 침묵해야 한다."

에 대해서는 명확하게 이해를 못 했는데, 이 글을 쓰고 나서는 이해가 되는 것 같습니다.

땅의 주인은 누가 정하는가

에서 지역 분쟁이 일어나고 있는데, 주요 원인은 "누가 이 땅의 주인인가?"하는 것이 중요한 이슈가 되고 있습니다.

먼저 개인의 땅은 국가에서 소유를 인정해 줍니다. 그럼 국가 간에는 어떻게 소유가 인정되게 될까요?
국제법도 있기는 하지만 실질적으로는 힘의 논리를 따르게 됩니다.

논리적으로 생각해 보면, 이 땅의 주인이 누구인지는 애매한 문제입니다. 국가에서 인정해 주는 경우는 쉬운 경우입니다. 땅의 주인을 거슬러 올라가서 최초의 땅 주인은 어떻게 그 땅을 소유하게 되었나요?

쉽게 이야기하면, 최초의 땅의 주인은 이전 주인으로부터 소유권을 가져오지 않았습니다. 스스로 땅의 소유권을 주장했을 뿐입니다.

최초로 땅을 소유한 사람은 어떻게 그 땅의 소유에 대한 주장을 했을까요?

아마도 조상 대대로 살아온 땅이라고 했을 겁니다. 즉, 그냥 소유하게 된 것입니다. 소유한 땅이 침범당하면 생존을 위해서 강렬하게 저항을 할 것입니다.

왕정 시대에는 왕에 의해서 영토를 나누어 주는 시대입니다. 즉 왕의 권한으로 나누어 주었습니다.

결론적으로 땅의 소유는 힘에 의하여 결정되어 왔으며 현재도 변하지 않았다고 이야기 할 수밖에 없을 겁니다.

가장 넓은 토지를 소유한 지구인은 누굴까

가장 넓은 토지를 소유한 사람이라고 하면, 여러 명의 부자와 여러 왕가들이 생각이 날 것입니다. 그런데 그 정도 토지를 소유해도 작을 뿐이라고 말할 수 있는 사람이 있습니다.

1980년 미국인 '데니스 호프'는 달을 포함한 태양계 모든 행성과 위성의 토지에 대해 소유권 인정 소송을 시작했습니다. 결국 샌프란시스코 지방법원은 '데니스 호프'의 소유권 인정을 했습니다.

국제법상 '달에 대한 국가의 소유는 부정하고 있으나, 개인 소유를 부정하는 조항은 없다'는 법의 논리입니다. 미국의 법으로 지구 이외의 모든 태양계 땅은 한 분이 소유한 것입니다.

달의 토지 일부는 토지 구경도 시켜주지 않고 팔았습니다. 토지 가격보다 구경하러 가는 왕복 차비가 너무 비싸서, 토지 구경은 시켜주지 않았습니다. 토지를 파는 것이지, 구매하려는 토지에 방문을 시켜준다고 하지 않았을 겁니다.

달의 토지를 팔다가, 독일과 스웨덴에서 사기 소송이 제기되기도 했습니다. 그러나 우주는 관할 권한이 없다는 이유로 '혐의 없음' 판결을 받았습니다. 법의 스케일을 벗어나서 판결을 못 하는 것입니다.

나사에서 달에 월면차를 버리고 오면, 달의 땅을 구매한 주인이 망원경으로 그것을 확인할 수 있습니다.
"내 땅에 차를 주차하지 마시오."라고 나사에 요구할 수도 있습니다. 요구를 받아들이지 않으면, 샌프란시스코 법원에 사유지 무단 점거로, 나사를 고소할 수도 있습니다. 물론 차를 빼러 달까지 갈 수 없습니다. 그러나 주차 요금을 요구할 수도 있을 겁니다.
'데니스 호프'는 생각의 틀을 깨버린 사람으로, 인간의 역사에서 가장 넓은 땅을 소유한 사람으로 남을 것입니다.

우리 선조이신, 대동강의 물을 팔아 보셨다는 봉이 김선달은 대단하신 분이시며, 현재는 보이지도 않는 전파의 주파수를 고가에 팔기도 합니다.

 우리 생활 속을 보아도, 생수를 사서 먹는다는 것은 1980년대까지만 해도 이해하기 힘든 것이었습니다. 생수와 관련해서 합법인지의 여부는 대법원까지 갔습니다.
 1994년 한국의 대법원에서 "깨끗한 물을 마실 권리를 침해한다."고 판결을 내리면서 합법화되게 됩니다.
 현재 우리가 당연하게 생각하는 생수 판매는 1994년에 대법원판결을 받으면서 합법화된 것입니다.

 반대로 생각해 보면, 현재 우리가 당연하게 하는 것 중에 어떤 것은, 우리 다음 세대에는 바뀔 수도 있습니다.

바다는 검은색이다

 바다는 검은색이라는 것을 특별하다고 생각이라 하지 않습니다.

 일반적으로 사람들은 바다를 보고 푸르다고 생각합니다.
 분명히 낮에 가서 바다를 보면 푸른색입니다. 그러나 밤에는 바다가 검은색입니다.

바다가 푸르다고 하는 사람들에게 '바다는 검은색이다.'라고 하면 이상하게 생각할 것입니다. 밤에 본 바다가 검다는 것은 누구나 인정합니다. 그러나 푸르다는 '고정 관념'으로 잘못만 생각합니다.

많은 미술가들도 어두울 때는 검은 색 물감으로 바다를 그립니다. 공통되게 보고 있는 일부분일 뿐입니다. 단지 상황이 달라서 다른 한 면을 더 보고 있을 뿐입니다.
대부분의 사람들은 검은색 바다를 보았으나, 스스로의 기억을 지우고 푸르다는 것만 생각합니다.

빛이 있어야 색이 있는가?
빛이 없을 때의 색은 무엇인가?
바다의 본래 색이란 것은 그럼 무엇인가?

결론적으로 과장을 하면, 눈에 보이는 색이 검으니, 바다는 검은색이라 하여도 틀린 말은 아닙니다.

사회는 어떤 방향으로 변화하는가

역사를 보면 사회 또는 국가가 변화하는 것을 확인할 수가 있는데, 이것에 대한 해석은 여러 가지가 존재할 것입니다.

제가 제시하는 것은 "그 사회가 강해지는 방향으로 변화하고 있다"는 방향성입니다.

특정한 어떤 형태가 강하다는 것이 아니라, 구성원이 받아들일 수 있는 것이 필요합니다.
현재의 민주주의를 조선 시대에 적용한다고 가정해 보시면 됩니다. "왕과 내가 동일한 인간이다."라는 것은 조선 시대 최악의 범죄인 반역죄가 됩니다. 상류층의 반발 문제뿐 아니라, 대다수를 차지하고 있는 당시의 일반 사람들도 현재의 민주주의를 받아들일 준비가 되지 않았습니다.

사회의 변화를 크게 보면, 신의 통치에서 왕정을 거쳐서 민중으로 권력이 이동해 왔다고 요약할 수 있을 겁니다.
물론 아직 왕정인 국가도 있지만, 예전처럼 절대 왕정은 찾기 어렵습니다.

사회가 강해지는 방향은 '자유'와 '평등'이라고 생각하며, 이것은 역사적으로 변화한 방향과 일치합니다.
왕정 시대의 많은 개혁은 귀족이나 권력층의 권리를 줄이고 일반 평민에게 유리한 것들이 많았습니다. 권력자 입장에서는 자유의 제한이 되겠지만, 평등이라는 관점에서 보면 달라집니다.

과거 사회의 변화는 기득권의 권한이 축소되고 일반 시민의 권한이 강화되는 방향으로 진행되었습니다. 이 진행이 빠르다고 좋은 것은 아닐 겁니다. 받아들일 준비가 되었는지도 고민해야 합니다.

기존 기득권의 준비와 일반 시민의 준비 양쪽 모두 변화의 준비가 필요합니다.

대기업 시스템은 잘못되었다

많은 대기업에서 "뛰어난 한 명이 아니라, 시스템으로 움직여야 한다."라고 말합니다.

전쟁 역사를 돌아보면, 시스템으로 승리를 만드는 경우도 있지만, 시스템대로 하다가 패망하는 경우가 분명하게 존재합니다.

고정된 시스템이라는 것은 적에게 움직임을 예측 당하여 너무나 위험한 것이며, 패배의 원인이 될 수 있습니다.

대부분 전쟁의 역사를 보면, 뛰어난 지도자인 개인의 능력과 리더십으로 판세를 바꾸고, 승리를 합니다.

뛰어난 시스템은 특출한 한 명이 반대를 무릅쓰고 어렵게 만들어지는 것이 많을 겁니다.

뛰어난 사람이 필요 없는 시스템이 목표가 아니라, 뛰어난 사람이 무언가 할 수 있는 시스템이 정답이라고 역사는 말합니다.

너무나 많은 역사 속의 이야기를 보면, 뛰어난 사람이 자신이 원하는 바를 할 수 있게 되었을 때, 엄청난 결과가 나옵니다.

현대로 오면 이렇게 표현할 수 있습니다.
"뛰어난 인재를 찾고, 그 인재가 원하는 바를 할 수 있는 시스템이 필요하다."

연공서열이 깨지는 이유

한국 직장에서는 연차에 따라서 평가를 하는 것을 기본으로 하고 있습니다. 우리뿐 아니라 일본도 비슷한 제도를 가지고 있습니다.

연공서열이 문제가 되기 시작한 것은 성장하지 못하는 직장 구조가 되었기 때문이라고 생각합니다.
과거에는 모든 기업이 성장하는 시기였고, 조직이 커지면서 모든 직원이 상급자가 될 수 있는 구조였습니다. 이제는 성장하지 못하는 직장이 많아지면서, 상급자 역할이 많이 생겨나지 않습니다.
치열하게 경쟁하던가, 내가 올라갈 수 있을 때를 기다려야 하는데,

내 순서가 오지 않는다고 판단하게 되면 심각해질 수 있습니다.

업종마다 다르겠지만, 제가 신입 사원일 때는 과장 직급에서 팀장을 하는 경우도 있었습니다.

현재는 과장이 아니라 한 직급 위인 책임도 팀장을 하지 못하는 경우가 많습니다. 한 팀에 수석이 몇 분이나 있는 경우도 종종 볼 수 있습니다. 여기서 신구의 갈등이 나올 수 있습니다.

구세대는 차례를 기다리며 현재가 되었고, 그냥 기다리는 것이 이익이며, 신세대는 차례를 기다려도 내 차례가 오지 않는다는 것을 알아 버렸습니다.

우린 상하 관계가 강한 직장인가

서양은 상하 관계가 약한 직장으로 착각을 합니다.

서양에서는 업무 지시라고 분명히 말한 후 따르지 않으면, 즉시 해고해버릴 수 있습니다. 이것을 약한 상하 관계로 설명할 수 없을 겁니다.

평소에 동료로서 대하지만, 업무 지시에는 강력한 상하 관계입니다.

우리의 직장 문화를 보면, 식사 시 물 따르고, 수저를 누가 놓느냐, 프린터를 누가 하느냐에서 상하 관계를 강조합니다. 그러나 업무의 중요한 결정에서는 서로 눈치를 보며 나서지 않으려는 경우를 보는 경우도 있습니다. 누구의 결정으로 이렇게 했다는 말로, 자신에게 돌아오는 비난을 피하기 위해서입니다.

업무의 진행이 정상적으로 되지 않아서 도움을 요청하는 경우, 담당자이니 알아서 잘하라고 할 뿐 세부적인 지시가 없는 경우도 많습니다. 세부적인 업무 지시를 하면, 그것에 대한 결과의 책임이 따르게 됩니다. 결국 우리는 업무 외적으로 상하 관계가 강하다고 말할 수도 있습니다.

이렇게 정리할 수 있습니다.
서양은 업무에서 상하 관계가 엄격하며, 한국은 업무 이외에서 상하 관계가 엄격하다.

잘못된 벤치마킹

성공하는 기업은 장기적인 목표를 세웁니다. 이것을 많은 기업들이 벤치마킹 하고 있습니다. 그러나 결과가 좋지 못한 경우가 대부분인데, 그 원인은 형식만 가져오고, 핵심을 가져오지 못하기 때문입니다.

성공하는 기업은 리더들이 목표를 이루기 위해서 리더십을 발휘합니다. 그리고 목표를 이루기 위해서 계획을 세웁니다.

많은 기업에서 리더분들이 목표만 세우고, 계획은 없습니다.

먼저 앞장서지 않는 경우도 많습니다.

그럴듯하게 좋아 보이는 목표만 세우고, 스스로 안된다고 생각하는 경우도 있습니다. 스스로 믿지도 않는 목표를 이루기 위해서 직원에게 시키기도 합니다. 함께 고민하는 것은 좋은 것이나, 결과의 책임은 리더의 것입니다.

성공하는 기업과 실패하는 기업의 차이는 이런 부분에도 있을 것입니다. 형식을 가져오는 것이 아니라, 핵심적인 가치를 가져와야 합니다.

직장인이 투자에 관심이 많아진 이유

직장인은 부자가 못 된다는 이야기를 많이 듣습니다.

서양에서는 직장을 다녀서 부자가 된 사람들이 있습니다.

직장만으로 부자가 못 되면, 업무는 뒤처지지 않는 것이 목표이며, 금융과 투자를 열심히 공부하는 것이 정상입니다. 그것이 개인적으로 이익이며, 합리적입니다.

우리는 직장에서 모험적이며, 새로운 시도를 하려고 하지 않으려는 성향이 강합니다. 새로운 시도라는 것은 위험이 동반하는데, 성공하면 본전이며, 실패하면 위험에 빠지는 경우가 많습니다. 개인에게 이익이 없기 때문에 모험을 하지 않으려고 합니다.

창의적으로 무엇인가 하라고 하지만, 실질적으로 제도는 갖추지 못하고 있습니다.

"성과에 대한 보상을 하여도 효과적이지 않다."는 이론을 근거로 하기도 합니다. 이것을 믿는 것이 아니라, 믿고 싶은 것만 보는 것일 수도 있습니다. 이런 이론이 한국 직장에서 적합하다는 근거가 있는지도 확인해보아야 합니다.

한국에서 부자가 되려면, 스스로 사업을 하거나, 투자를 해야 합니다. 직장에서는 일반적으로 겸업 금지를 하고 있으나, 개인적 투자에는 제한을 두기 어렵습니다.

전문 투자자도 소액으로 큰돈을 만들려면 쉽지 않습니다. 이것이 가능하려면, 일반 직장인들이 전문 투자자 만큼 공부하거나, 행운을 바라는 것밖에 없습니다. 결국 가능성을 높이기 위해서, 많은 시간을 투자에 대하여 이해하기 위해서 사용해야 합니다. 이것은 자신의 업무에 대해서 고수가 되기 어려워지는 원인이 될 수 있습니다. 이러한 것은 개인의 일방적인 책임이 아니며, 회사와 사회가 이렇게 만들고 있는 것입니다.

개인은 합리적으로 이익을 추구하는 것이 당연합니다.

직장에서의 우리

한국에는 '우리'라는 독특한 것을 가지고 있습니다.
이것은 나와 직장을 하나로 만들어 주며, 더 많은 성과를 만들게 하는 주인 의식으로 발전될 수 있습니다.

반대로 이야기하면, '우리'라는 관계를 부수면, 성과가 적어질 수 있습니다.

무엇이 '우리'를 부수어 버리는가?
일방적인 관계, 이해되지 않는 업무 지시, 개인 성과의 잘못된 평가, 신뢰 없는 언행…….

'우리'라는 것은 상하를 나누게 되면, 파괴되어 버립니다.
위와 아래로 분리가 되면서, 우리가 파괴되어 존재하지 않는 것이 당연합니다.

'우리'라는 관계를 지키는 것이 성과를 더 많이 내는 방법이나, 현재의 직장은 '우리'가 파괴된 경우가 많습니다. '우리'를 회복하는 것이 필요합니다.

비관론자 낙관론자를 세분화하라

　우리는 흔히 비관론자와 낙관론자로 구분하여 특징을 나누고, 장단점을 평가합니다. 그러나 이것만으로는 부족하여 좀 더 세분화가 필요합니다.
　비관론자와 낙관론자 구분이 아니라 '행동을 어떻게 하느냐'가 더 중요합니다.
　비관론에 빠져서 행동하지 않는 사람은 불필요한 사람입니다. 그러나 비관론자이며 어려움을 대비하는 사람은 필요한 사람입니다. 비관론자이나 상황을 이겨 내려는 사람은 꼭 필요한 사람입니다.

　낙관론에 빠져서 대형사고를 만드는 사람은 불필요한 사람입니다. 그러나 낙관론자이며 비전을 제시하는 사람은 필요한 사람입니다. 낙관론자이나 현실을 직시하는 사람은 꼭 필요한 사람입니다.

　일반적으로 비관론자와 낙관론자의 장단점을 논의할 때 '행동을 어떻게 하느냐'를 빼고 논의합니다.
　비관도, 낙관도 좋은 것만 아니며, 나쁜 것만도 아닙니다.
　하나의 면만을 보지 않고, 다른 면도 생각하며, 나아가는 행동이 필요한 것입니다.

달걀을 세우는 방법

달걀을 세우는 방법이라고 하면, 불가능한 것으로 생각하여 궁금해집니다.

달걀을 세운 사람은 이탈리아의 건축가이며 피렌체 성당의 돔을 완성한 필리포 브루넬레스키(Filippo Brunelleschi, 1377-1446) 입니다.

'콜롬버스의 달걀'이라는 말도 있으나, 1450년이라는 출생을 고려하면, 콜롬버스가 태어나기 전에 달걀을 세운 사람이 있었으며, 지역적으로 제노바(콜롬버스)와 피렌체(브루넬레스키)로 현재 이탈리아라는 공통점이 있어서, 콜롬버스가 영향을 받았다고 보는 것이 더 설득력 있을 겁니다.

허무하게도 브루넬레스키는 달걀의 끝을 깨서 세우는 방법을 보여줍니다.

일반적으로 이런 방법을 생각하지 못하는 것은 달걀을 깨면 안 된다는 무의식적인 제약을 스스로 만들었기 때문입니다.
이탈리아 르네상스 시대의 뛰어난 건축가들도 달걀을 깨면 안 된다는 무의식적인 제약을 벗어나기 힘들었습니다.

재밌는 사실을 하나 더 추가하면, 브루넬레스키보다 콜럼버스의 달걀로 더 유명하다는 겁니다.

파블로 피카소는 이런 말을 남겼습니다.

"유능한 예술가는 모방하고, 위대한 예술가는 훔친다."

전례(과거 사례)가 있습니까

전례가 있는지 물어볼 수는 있고, 참고할 수는 있으나, 전례로만 결정하면 안 됩니다. 전례가 없다면, 최초가 될 생각을 해야 하며, 전례가 있어도 현재 상황에 맞는지에 대해서 고민을 해야 합니다.

과거 전쟁을 보면 많은 패전의 이유는 이전 방식을 그대로 따라한 것이 원인이 된 경우가 너무나 많습니다.
학익진이 전장에서 최고의 진형이라고 생각을 하나, 학익진을 펴고도 패배한 사례도 분명하게 있습니다.
대항해시대를 주도한 스페인의 무적함대도 학익진을 사용하다가, 영국의 넬슨 제독에게 패전합니다.

현재 상황에 맞는 최선의 결정은 무엇인지 알 수 없습니다. 과거에 있을 수도 있고, 우리가 생각지 못한 방법일 수도 있습니다. 과거의 사례에만 의존하는 것 또한 현명한 것이 아닙니다.

세상은 이분법이 아니다

전쟁에서는 아군과 적군의 구분뿐 아니라 중립국도 있습니다.
중립국에 잘못 처신하여 적국으로 만드는 것은 최악입니다.

좋아할 수도, 싫어할 수도 있습니다.
좋아하는 단계도 여러 가지가 있으며, 사람마다 표현이 다릅니다.

동양 사상에는 '유가'와 '법가'가 서로 대립을 하기도 합니다. 그러나 한쪽만으로 일방적으로 주장하는 것은 좋지 않습니다. 어느 쪽이 현재의 상황에 더 적합한지를 고민하는 것이 중요합니다.

유가는 스스로 제어하는 것을 목표로 하며, 법가는 그렇지 못 할 경우 필요한 것입니다. 둘 다 모두 필요한 것이며, 중국의 역사에서 공자가 다스리는 나라에서도 법률이 있었습니다.

민주주의와 공산주의로 구분하였으나,
현재는 서로 장점을 받아들이며, 변형되었습니다.

인간 세상에는 순수한 '선'도 순수한 '악'도 없습니다.

완전한 선이 없듯이, 완전한 악도 인간에게는 불가능합니다. 어디에 좀 더 가까운지의 구분만 할 수 있을 뿐입니다.

모든 것을 단순화시켜서 한 가지 색으로 정의하면, 그것을 정확하게 판단하지 못하게 됩니다. 그럼에도 많은 것을 단순화하여 분류하려는 것은, 대략적인 것으로 쉽게 이해하려는 목적도 있을 수 있습니다.

세상은 비합리적이다

어떻게 세상이 비합리적이라고 생각할 수 있느냐고 반문하시는 분은, 아래 문장을 합리적으로 설명해 주시면 됩니다.

[주민등록번호를 가진 사람을 신이라고 믿는 사람이, 우리나라에 최소 십만 명이 있다.]

위 문장은 "세상은 비합리적이다."라는 것을 설명하기 위해서 실제로 선배님에게 이야기한 내용입니다.

미개한 나라도 아니고, 백 년 전의 일도 아닙니다.
현재이며, 지구상에서 선진국이라는 나라의 현실입니다.

더 선진국이라는 타국도, 더하면 더하지, 못 하지 않습니다. 지구가 둥글다는 것을 나사의 음모라고 믿는 단체도 있습니다. 개인이 아니라는 것이 중요합니다. 현재의 사실인데, 합리적으로 설명을 못 하여서, 비합리적이라고 생각할 수밖에 없습니다.

회사가 완전하게 합리적이면, 일류를 넘어서 존경을 받는 기업 수준이 될 수 있습니다.

신입 사원에게는 이렇게 말해 준 적이 있습니다.

"너가 생각하는 회사라면, 이미 초일류 기업이다."

"너가 생각하는 것을 못 하는 회사가 대부분이야."

왜 이렇게 비합리적일까요?

이것을 설명할 수 있어야, '세상은 합리적이다'라고 말할 수 있게 됩니다.

황당한 도둑

우리는 영화에서 전설적인 도둑들이 미술관의 그림을 훔치는 것을 보면서, "실제로 미술관에서 그림을 훔치는 것은 불가능하다"라고 생각합니다.

영화 속의 도둑들을 하수로 보이게 하는 실화를 하나 소개해 드립니다. 실제 이야기이며, 미술관에서 그림을 훔치는 간단한 방법을 보여주었습니다.

미술관을 관람하다가, 마음에 드는 그림을 그냥 벽에서 떼어서 들고나오는 것입니다. 주변에 다른 관람객이 있는 상태에서 한다는 것이 포인트입니다. "뭔 헛소리냐?"라고 하시겠지만, 실제로 성공한 이야기입니다.

2019년 러시아 모스크바에 있는 미술관에서 감정가 2억 원이 넘는 고가의 그림을, 관람객 중 한 명이 감상하다가 다른 관람객이 보는 중에 벽에서 떼어서 집으로 가져가 버렸습니다.

비밀 문이나 뒷문도 아니고, 관람객 입구로 그냥 들고 나갔으며, 이 과정에서 아무런 제재를 받지 않았습니다.
미술관 직원과 다른 관람객은 이 남성을 직원으로 생각해서 그냥 지켜 보고 있었고, 미술관도 도난 사실을 나중에 확인하게 됩니다.

작업을 위해서 검은 옷 입고, 사전 답사하고, 계획을 세우고 하는 것은 하수처럼 보이게 하는 실제 이야기입니다.

이직률이 높은 회사의 비밀

이직률이 높은 회사는 직원의 퇴사와 관련하여 정확한 분석을 못하는 경우를 종종 봅니다.

이직을 하지 않으려는 직원만 채용하려고 노력하지만, 그런 직원도 계속 퇴사를 하며, 근본적인 원인을 외부로만 돌립니다.

예전 스타라는 게임에서 2대2로 팀 게임을 계속 지던 후배가 했던 말이 생각합니다.

"나는 잘하는데, 팀을 잘못 만나서 계속 진다."
"너가 원인 수도 있지 않어?"라고 답변을 주었습니다.
믿고 싶은 것만을 믿는 것이 아니라, 정확한 원인에 대해서 관심을 가지는 것이 필요할 것입니다.

인재가 없다는 말의 해석

하늘 아래 많은 인재는 항상 있으며, 난세가 되면 많은 인재들이 나오는 것이 이것을 증명합니다.

스스로의 눈이 인재를 보지 못함이요.

인재들이 함께 일하기 싫어하는 것이 문제임을 스스로 말하는 것입니다.

인재를 알아보지 못함은 '능력의 부족'이요.

인재들이 함께 일하려 하지 않음은 '덕의 부족'입니다.

그러므로, 스스로의 능력과 덕이 부족함을 먼저 탓해야 합니다.

좋은 말만 하는 사람을 멀리 해라

프로젝트가 잘 되고 있지 않은데, 좋은 말만 하는 사람은 거짓말을 하고 있는 것입니다.

좋은 말만 했다면, 이후 결과도 좋은 것만 있어야 하는 것이 당연합니다.

프로젝트 기간 내내 잘 되고 있다고 말하다가, 프로젝트 끝에 가서 안 되었다는 사람은 '거짓'을 말한 것입니다.

그것이 아니라면 현실을 파악도 못 하는 멍청이입니다.

잘못은 없으나 평범한 것이 문제

어려운 프로젝트 진행 중에, 리딩을 하시는 분과 가벼운 마찰이 있었습니다. 이것을 지켜보시던 분이 저에게 질문을 했습니다.

"리더분이 잘못한 것이 있나요?"

이렇게 대답해 주었습니다.

"잘못한 것은 없어요."
"보통 이렇게 많이 하죠. 그러나 이렇게 하면 안 된다는 것이 문제에요."
"평범한 것이 문제라는 거죠."
"이렇게 하면 안 되는 것이 예상되는데, 그냥 평범하게 계속하는 것은 문제가 아닌가요?"

성공하는 방법을 찾아야 하며, 기존 방식대로만 평범하게 해서 실패가 예상되면 무엇인가 다른 고민을 해봐야 합니다.
다른 방법을 사용하더라도 실패할 수 있을 겁니다. 그러나 예상되는 결과를 바꾸려는 노력이 필요합니다.

하급자를 이해하지 못하는 이유

직장에서 "하급자를 이해하지 못하겠다."라고 말씀하시는 분들이 많습니다.

'이해하다'는 understand라고 하며, "아래에 선다"라는 의미입니다. 반대로 이야기하면, 위에서 보기 때문에 이해하지 못합니다.

상급자를 이해하기 쉬운 이유는, 아래에서 보기 때문입니다.

위와 아래가 아니라, 상호존중인 동일한 높이에서 서로 보는 것이 제가 제시하는 방안입니다. 이것이 다른 사람을 정확히 이해하여 보는 방법이며, 존경과 신뢰를 얻는 방법이 될 수 있습니다.

독일의 요한 볼프강 폰 괴테의 명언을 소개해 드립니다.

타인의 마음을 이해하는 일에는 요령이 있다.

누구를 대하든, 자신이 아래에 있는 사람이 되는 것이다.

그러면 저절로 자세가 겸손해지고, 이로써 상대에게 좋은 인상을 안겨 준다. 그리고 상대는 마음을 연다.

쉬운 이삿짐 아르바이트

"대학 시절 이삿짐 아르바이트를 했습니다."라고 경험을 이야기하면, "힘들었겠다."라는 말을 많이 듣습니다. 그러나 힘들지 않았으며, 그 이유는 간단합니다. 같이 일하는 선배님의 지도가 너무나 훌륭했습니다.

첫날에 무거운 짐은 저에게 맡기지 않았습니다. 20대의 혈기로 첫날에 힘을 좀 써보려고 했는데, 계속 못 하게 만류하셨습니다.

"낼 일 하려면, 오늘은 이렇게 하면 안 된다."라고 말씀하시며, 내일을 준비시키셨습니다. 어느 정도 무거운 짐은 2명이 맡아야 한다는 것을 강조하시며, 일정 무게 이상은 혼자 못 들게 주의를 주셨습니다.

열혈을 주장하시는 분들은 고민해 보셨으면 합니다.

'열혈'이 아니라 합리적으로 접근해야 합니다.
'열혈'로 위기를 넘길 수도 있지만, 부작용이 생기면 더욱 어려운 상황이 될 수도 있습니다.
"할 수 있다."라는 것만 주장하는 것은 더 안 좋은 상황이 되는 경우도 있습니다.

"뱁새가 황새 따라 가려 하면 가랑이가 찢어진다."라는 속담이 있습니다. 상황이 다르나 따라 하기만 하면, 화를 당하게 됩니다.

스스로는 모르거나, 할 수 있는지를 가늠해 보지도 않고, 뒤에서 할 수 있다고 하는 것은 공감을 받지 못하는 리더의 모습입니다.

직장에서 무능함은 잘못이다

죄라고 표현을 하지 않고, 잘못이라고 표현을 하고 싶습니다.
죄라는 것은 인격적인, 종교적인 잘못이라는 의미가 있다고 생각하기 때문입니다.

직장에서 무능함으로 성과가 없다면, 결과가 좋지 못하다는 이유로 좋은 평가를 받지 못합니다. 반대로 말하면 유능하지 못해서 나쁜 평가를 받습니다.

독일 출신의 철학자 한나 아렌트는 아이히만의 재판을 보고 '생각의 무능'이라고 평가를 합니다.
아이히만은 히틀러의 나치시대에 아우비치 수용소로 유대인을 열차에 태우는 업무를 한 사람이었습니다. 사람마다 번호를 붙여 이력을 관리하는 방식을 생각하여 적용한 유능한 사람이었습니다. 이 사람이 나중에 재판에서 이렇게 변론합니다.

"나는 한 번도 사람을 죽이라는 명령을 내린 적이 없다."
그러나 '생각이 없었다 그것이 유죄'라는 이유로 처형됩니다. 능력이 있었으나, 잘못된 곳에 그 능력을 사용한 것이 잘못이라는 것이다.

소크라테스가 이야기한 "모르는 것이 더 큰 죄다."라고 한 말이 적용되었다고 볼 수도 있습니다.

위치에 맞는 식견과 능력을 가지고 업무 수행을 못 한다면 그것은 잘못입니다.

두 개의 마음

각 분야에 맞는 마음가짐이 있습니다.

문에는 문에 맞는 마음가짐이 필요하며, 무에는 다른 마음가짐이 필요합니다.

문과 무를 이해하려면, 각 분야에 필요한 다른 마음을 이해해야 합니다. 문무겸비가 어려운 것은 서로 다른 두 개의 마음을 가져야 하기 때문이며, 이것이 어려운 것입니다.

보편적 예와 특수한 예

보편적인 예는 발생 빈도가 높거나 재현이 가능한 것을 말하여, 특수한 예는 재현이 어렵거나 발생이 거의 일어나지 않는 것을 말합니다.

과학에서는 특수한 예가 인정을 받기 어렵습니다. 진위를 명확하게 하기 어려운 경우가 대부분이기 때문입니다.

특수한 사건이나 현상에 대하여 관심을 가져야 하는 이유는 명확합니다. 과학사를 보면 푸른곰팡이에서 페니실린을 발견하는 계기 등 여러 가지 뛰어난 업적을 이루게 된 시작은 예상하지 못한 특수한 결과의 원인을 찾는 과정이었습니다.

알고 있는 것으로 해명이 가능한 것에 관심을 가지는 것도 중요하나, 해명이 불가능한 것에는 우리가 현재 알고 있는 것이 변할 수 있는 비밀이 존재할 수도 있습니다.

현재 우리가 정설이라고 생각하는 많은 것들은 많은 비판을 받아온 것이라는 것을 명심해야 합니다.

훈수가 쉬운 이유

바둑을 둘 때 옆에서 보면, 모든 것이 잘 보입니다. 그러나 스스로 직접 해야 할 때는 잘 보이지 않습니다.

옆에서 보며 훈수를 할 때, 안 좋다고 말했던 것들을, 스스로 하고 있는 경우가 많습니다.

운전에도 동일하게 적용이 됩니다.

조수석에 앉으면, 누구나 최고의 드라이버가 됩니다.

뒤 차, 뒤의 뒤 차, 오른쪽, 왼쪽 모든 것이 잘 보입니다.

직접 운전대를 잡으면, 주변이 잘 안 보이기 시작합니다.

직접 할 때 잘 안 되는 이유는, 주 업무에 대한 부담이 없기 때문일 겁니다.

바둑을 둘 때는 다음 수를 시간 안에 찾아야 한다는 부담이 없습니다. 바둑을 져도 내가 진 것이 아니기 때문에 부담이 없습니다.

운전을 할 때도, 조수석에서는 현재 앞차가 갑작스럽게 운행을 하는 경우에 대한 부담이 없습니다. 바로 앞에 있는 신호등을 주시해야 한다는 부담도 없습니다. 이것은 운전자의 몫입니다.

운동 경기에서 긴장을 하지 말고 편하게 하라는 조언도 비슷한 이유 같습니다. 너무 긴장하면 오히려 좋지 않은 결과가 나오게 됩니다.

조언을 할 때는 스스로 직접 진행하게 되면 힘들다는 것을 명심해야 합니다. 조언을 들을 때, 조언이 객관적일 수 있다는 것을 명심해야 합니다.

주인이 되는 홀로서기

태어나서 부모님께 의지하고,
자라면서 선생님께 배움을 의지하고,
직장에 생활을 의지하고,
계속 의지하며 산다.

홀로 서 보자.
그러면 다른 세상이 보인다.
남을 원망하지 않으며,
나를 고민하고,
내가 결정한다.

내가 세상의 주인이 된다.

짧은 글들

현재가 정답이 아니라고 생각해야 합니다.
현재보다 더 좋은 방법이 있다는 것은 지금의 방법이 정답이 아닌 것입니다. 현재의 틀린 답을 정답으로 스스로 인정하면, 더 이상 고민을 하지 않게 됩니다.

"정답이 아니다."라고 생각해야, 더 좋은 방법을 위해서 다른 생각을 할 수 있습니다.

빨리 하는 것만 힘든 것이 아닙니다. 빨리 하는 것도 힘들지만, 느리게 하는 것도 힘들 수 있습니다.
식사 시간을 평소보다 더 길게 하려고 노력을 해보면 금방 이 말의 의미를 알 수 있게 됩니다. 식사를 천천히 하는 것도 너무나 어려운 것입니다. 개인마다 자신의 속도가 있고 이것을 바꾸는 것은 어렵습니다.

인간은 익숙해지면 잘 알고 있다고 착각을 합니다. 그래서 정확하게 이해하지 못할 수 있습니다.

세뇌는 정확하게 알지 못할 때 가능합니다. 정확하게 몰라서 착각을 당하는 것입니다. 정확히 알고 있으면 세뇌를 당하지 않을 수 있습니다. 오히려 오류를 강요당하여 혐오하게 될 수 있습니다.

불교에서 집착을 내려놓으라 했습니다.
개인의 집착을 내려놓아야 회사를 보게 됩니다.
회사도 회사에 대한 집착을 버려서, 직원과 회사의 목표가 일치하도록 제도를 마련해야 합니다.

천재는 엉뚱한 것이 아니라, 엉뚱함이 천재를 만듭니다.

천재는 이상한 것이 아니라, 이상한 것이 천재의 증거입니다.

천재는 일반적인 이론으로 평가가 불가능합니다. 일반적인 이론으로 평가가 가능하다면 천재가 아닐 수도 있습니다.

세상은 이상합니다. 이상한 세상에서 이상하게 보이는 사람이 오히려 정상 아닐까요?
다수가 항상 옳은 것이 아닌데, 숫자를 따져서 이상하다고 평가를 내렸을 뿐입니다.

이유가 있어서, 미워하는가?
미워하고 싶어서 이유를 찾는가?

알고 있지만, 설명을 못 하는 것은 완전히 이해하지 못했다는 증거입니다. 무의식은 알지만, 의식은 모를 수 있습니다. 그래서 언어로 표현하지 못할 수 있습니다.
모든 것을 다 주는 친구를 미화하는 것은 좋지 않습니다. 내가 힘들 때, 자신의 여유를 빌려줄 수 있는 친구면 충분합니다. 기준이 너무 높아지면, 친구를 찾기 어려워집니다.

상식은 깨지는 것이 아니라, 잘못된 상식이라는 것이 증명된 것입니다.

정상적으로 세포가 형성되지 못해서 암세포가 생겨나듯이 정상적으로 사고가 형성되지 못해서 소시오패스가 생겨날 수 있습니다.

설득당했다, 그렇지 않다는 중요하지 않습니다.

옳은 결정을 했는지의 여부가 중요합니다.

직업에 귀천이 없다는 것을 마음으로 배우지 않고, 글로만 배워서는 안 됩니다.

존경을 잃어버리면 혜택도 사라집니다.

"종이학은 만들 수 있지만, 종이가 없습니다."
이 말은 혼자서 모두 해내라는 요구에 제가 답변한 말입니다.

이순신 장군께서, 혼자서 헤엄치면서 왜적과 싸웠다는 이야기 들어본 적이 없습니다. 혼자서는 누구도 못 하는 것이 당연합니다.

항상 옳다고 생각하지 않는 것이 중요합니다. 정확한 근거로 오류를 지적한다면, 스스로 생각을 바꿀 의지가 필요합니다.

모든 도구에는 선과 악이 없습니다.
어떻게 사용을 하느냐에 따라서 선과 악이 결정됩니다.

강요된 도전은 성공 가능성이 낮으며, 잘못될 가능성은 클 수밖에 없습니다. 좌절되어 다시는 도전하지 않는 사람이 될 가능성도 있습니다. 도전은 스스로 원해서 해야, 성공 가능성이 높아집니다.

무엇을 해야 하는지는 많이 이야기하지만, 왜 못하고 있는지는 가르치지 않는다.

신뢰가 깨지면 권력은 이동합니다.

한 명의 뛰어난 부하를 거느리면, 부하가 영웅이 되지만, 많은 뛰어난 부하를 거느리면, 스스로 영웅이 됩니다.

조선은 일본에게 멸망을 당했습니다.
하지만 일본과의 어떤 전쟁으로 멸망 당했는지, 전 배우지 못했습니다. 일본한테 멸망을 당했는데, 전쟁을 한 번도 해보지 못하고 멸망을 당했습니다.
침략자를 정당화하고 싶지 않으나, 침략자만 탓해서는 결국 반복될 뿐입니다.

많은 동화들이 잘못되었습니다.
대부분의 동화들이 10대에 "행복하게 살았습니다."를 결론으로 끝을 맺고 있습니다.

이룰 것이 많고, 하고 싶은 일이 많아야 하는 시기인데, 여기서 주인공을 평가할 수가 없으며, 앞으로 이루어야 할 것이 더 많아야 하는 시기입니다.

동화의 끝맺음을 "훌륭한 사람이 되도록 노력하며 살았습니다." 이렇게 해야 하지 않을까요?

정답만 고집해서는 아무것도 할 수 없습니다.
오답이 있어야 정답이 나옵니다.

기존에 있는 것을 이해하였으나, 새로운 무엇을 하지 못했다면 천재라 불리기 어렵습니다.
완전히 이해하였다면, 현재의 오류를 인지하고, 그것을 수정해야 진정으로 이해한 것입니다.
새로운 것을 만들지 못한다면, 다음 세대의 천재를 위한 전달자의 역할이 됩니다.

인간의 자신의 고정 관념과 스스로의 감정을 뛰어넘지 못하여 뛰어난 성과를 내지 못할 수 있습니다. 그것들을 넘어서면 성과는 나오는 것이 당연합니다.

생각의 틀을 깨면 그것으로 성과를 낼 수 있습니다.
달걀을 깨면 세울 수 있다는 간단한 생각으로, 틀을 깬 건축가는 천재라 불릴 자격이 있습니다. 자신을 이해하고 인간 본연의 감정의 틀을 깨면 '성인'이라 불릴 수 있습니다.

합리적인지 그렇지 않은지는 경계가 불분명해 보입니다. 이해하지 못하면 비합리적이고, 이해하면 합리적으로 보인다고 해석해야 하겠습니다.

인간이 합리적이지 않은 이유

초판 1쇄 인쇄 2022년 02월 03일
초판 1쇄 발행 2022년 02월 17일

지은이 IT 개발자

편집 김지홍
디자인 조혜원

펴낸곳 도서출판 북트리
펴낸이 김지홍
주소 서울시 금천구 서부샛길 606 30층
등록 2016년 10월 24일 제2016-000071호
전화 0505-300-3158 | 팩스 0303-3445-3158
이메일 booktree11@naver.com
홈페이지 http://booktree11.co.kr

값 15,000원
ISBN 979-11-6467-099-4   13190

· 이 책은 저작권에 등록된 도서로 저작권법에 따라 무단전재 및 복제와 인용을 금지합니다.
· 이 책 내용의 전부 및 일부를 이용하려면 저작권자와 도서출판 북트리의 서면동의를 받아야합니다.
· 잘못된 책은 구입하신 서점에서 바꾸어 드립니다.